W0377328

POLITIK

DUMONT

POLITIK

Ein Schnellkurs

Peter Kruck
promovierter Medienwissenschaftler,
lebt als freiberuflicher Publizist,
Lektor und Journalist. Er ist Lehrbeauftragter
an der Ruhr-Universität Bochum
und hat bisher fünf Bücher veröffentlicht.

Umschlagvorderseite:
Der spätere US-Präsident John F. Kennedy bei einer Rede am 28. Oktober 1960
picture-alliance / KPA / Topfoto

Umschlagrückseite von oben nach unten:
Karl Marx; Das Nato-Hauptquartier in Brüssel; UN-Blauhelme, picture-alliance / dpa

Frontispiz:
Der Plenarsaal des Deutschen Bundestags in Berlin, picture-alliance / dpa

Bibliografische Information der Deutschen Bibliothek
Die Deutsche Bibliothek verzeichnet diese Publikation in der Deutschen Nationalbibliografie; detaillierte bibliografische Daten sind im Internet über http://dnb.db.de abrufbar.

Originalausgabe

Redaktion und Lektorat: Anita Brockmann, Köln
Layout und Satz: Angelika Kudella, Köln
Druck und buchbinderische Verarbeitung: Rasch, Bramsche
Printed in Germany
ISBN 978-3-8321-9124-5

Politik heute – zwischen Selbst- und Fremdbestimmung

Freiheit

Wir leben in einem freien Land. Europa ist ein freier Kontinent. Und überhaupt sind wir so frei, wie wir es uns freier kaum vorstellen können.

Aber stimmt das wirklich? Oder ist es nicht vielmehr so, dass unser tägliches Leben von einer unfassbaren Anzahl von Regeln bestimmt ist? Wenn man zum Kiosk geht, um sich eine Zeitung zu kaufen, sollte man bekleidet sein, will man sich nicht in polizeilichem Gewahrsam wiederfinden. Wer davon überzeugt ist, sein Kind sei in einer öffentlichen Schule nicht gut aufgehoben und es deswegen selbst unterrichten möchte, wird ebenfalls mit der Unbill der Behörden rechnen müssen. Und wer der Meinung ist, der Solidaritätszuschlag zur Einkommensteuer hätte mittlerweile seine Daseinsberechtigung verloren und ihn deswegen einbehält, muss sich auf einen wahrscheinlich erheblichen Konflikt mit seinem Finanzamt einstellen.

Über den Wolken ist die Freiheit grenzenlos? Auch hier gelten Bestimmungen: Überflugrechte können verweigert und Emissionsrechte gehandelt werden.

Aber wie kann das sein? Wenn wir doch in einem freien Land leben, wieso müssen wir uns permanent mehr oder weniger sinnvollen Regelungen beugen? Die Antwort ist einfach: Freiheit ist relativ. Es gilt grundsätzlich, die Rechte eines jeden Einzelnen mit den Interessen der Gemeinschaft in Relation zu setzen. Eine Gesellschaft kann nur dann funktionieren, wenn es ein von allen anerkanntes Regelwerk gibt. Und diese Regeln lassen sich grob in zwei unterschiedliche Formen aufteilen: Auf der einen Seite steht eine Art moralisch-ethischer Grundlagenkatalog, auf den sich die Mitglieder einer Gesellschaft im Laufe von Generationen geeinigt haben. Geringere Verstöße werden von Autoritätspersonen mit Bemerkungen wie »Das macht man nicht« geahndet, massivere können zu gesellschaftlicher Isolation führen.

Die viel wichtigeren Regeln jedoch werden festgeschrieben, um sie nicht nur einheitlich und nachvollziehbar kenntlich zu machen, sondern auch, um unmissverständlich klarzustellen, welche Strafe einem Individuum droht, sollte es gegen diese Regeln verstoßen. Diese Form der Regeln nennt man im Allgemeinen Gesetze. Diejenigen, die diese Gesetze erlassen dürfen, verfügen folglich über Macht. Da es unglaublich schwierig ist, den Anspruch des Einzelnen auf Freiheit mit dem berechtigten Interesse der Allgemeinheit abzuwägen, hat sich die Menschheit schon vor langer Zeit dazu entschlossen, diese Entscheidungen Profis zu überlassen: den Politikern.

»Politik ist der stets neu zu schaffende Kompromiss von Macht und Vernunft.«

Carl Friedrich von Weizsäcker (1912–2007), deutscher Philosoph, Physiker und Friedensforscher

Politiker

Sagt man einem Menschen nach, er würde einen passablen Politiker abgeben, dann ist das nur in den seltensten Fällen als Kompliment gemeint. Denn dem Begriff haftet immer etwas tendenziell Negatives an. Politik, das klingt nach abwägen, taktieren, austricksen.

Dennoch, und aus einfachem Grund, brauchen wir Politiker: Sie treffen für uns Entscheidungen. Abgesehen davon, dass dies nicht jedem Menschen Spaß macht und auch bei Weitem nicht jeder dazu in der Lage ist, müssen diejenigen, die diese Aufgabe für uns übernehmen, mit entsprechenden Kompetenzen ausgestattet sein. Diese Personen werden genau begutachtet, und wir entscheiden uns mittels eines Wahlverfahrens für diejenigen, denen wir zutrauen, diesem Auftrag gewachsen zu sein.

Die Aufgabe, die auf diese dann von uns Auserwählten zukommt, kann – sind sie an der Macht – größer und verantwortungsvoller kaum sein: Sie entscheiden durch Steuergesetze über unser Einkommen, legen fest, wie unsere Kinder erzogen werden, bestimmen, in welchem Umfang unsere Krankheiten behandelt werden und nicht zuletzt haben sie sogar unser Leben in der Hand, wenn es um die Frage »Krieg oder Frieden?« geht. – Sehr weitreichende Themen also, die wir da mehr oder weniger freiwillig aus der Hand geben und den Berufspolitikern überlassen.

Verantwortung für das eigene Leben auf einen Dritten zu übertragen, setzt großes Vertrauen voraus. Niemand kann garantieren, dass dieser Vertrauensvorschuss berechtigt ist, denn aufseiten der Polit-Mächtigen bietet ein öffentliches Amt große Verlockungen, die zum Missbrauch verführen können. In einem System, in dem Berufspolitiker die Geschicke einer Gesellschaft lenken, liegt genau darin eines der Probleme: Es handelt sich um Profis, die sich dazu entschlossen haben, die Politik zu ihrem Beruf zu machen. Und somit ist für sie das alles überstrahlende Ziel, im Geschäft zu bleiben, noch besser natürlich, mit aller Macht an dieselbe zu kommen beziehungsweise an ihr zu bleiben. So lässt sich die eigene Zukunft und die der engsten Vertrauten am besten sichern.

> »Ein Politiker ist ein Akrobat. Er hält das Gleichgewicht dadurch, dass er das Gegenteil von dem sagt, was er tut.«
>
> *Maurice Barrès (1862–1923), französischer Journalist und Politiker*

Heute scheinen die Zeiten lang vorbei, als Politiker noch unverwechselbar für ihre Grundsätze standen und diese auch, in schwierigen Zeiten sogar unter unmittelbarer Gefahr für Leib und Leben, zur obersten Maxime ihres Handelns erklärt haben. Vielmehr scheint die Hauptmotivation der Polit-Profis darin zu liegen, um öffentliche Aufmerksamkeit zu buhlen, um sich darstellen zu können und eine Rolle zu spielen. Dabei helfen – natürlich – die Medien.

»Einer der verhängnisvollsten Irrtümer ist es, geschickte Redner für ebenso geschickte Politiker zu halten.«
Sigmund Graff (1898–1979), deutscher Schriftsteller

Medien

Offenbar hat sich eine verhängnisvolle Symbiose zwischen den Medien und der Politik entwickelt: Die Medien suchen nach Material, um ihre Sendeplätze beziehungsweise Seiten zu füllen, die Politiker ihrerseits nehmen diese Chance gerne wahr und produzieren einen Informationssalat, der uns – so könnte man vermuten – einlullen soll. Ziel ist es, den politischen Gegner mit allen Mitteln zu diskreditieren, klein zu halten oder am besten der Lächerlichkeit preiszugeben.

Selbst dem politisch interessierten Menschen fällt es unter diesen Umständen immer schwerer, die Spreu vom Weizen zu trennen und aus der Überflutung mit Verlautbarungsjournalismus die wirklich relevanten Themen zu extrahieren. Hinzu kommt, dass die Politprofis natürlich gern die Äußerung der gegnerischen Partei nach Strich und Faden zerpflücken, aber bei eigenen Stellungnahmen möglichst allgemein und unverbindlich bleiben, damit sie in der Zukunft nicht auf vielleicht sogar präzise Aussagen festgenagelt werden können. All diese zum Großteil völlig unsinnigen Spiegelfechtereien führen am Ende dazu, dass das Interesse an der politischen Diskussion immer mehr abnimmt und sich immer mehr Bürger von diesem System abwenden oder, was vielleicht noch viel schlimmer ist, sich ihm gar nicht erst zuwenden.

Die Mutter des Polit-Talks: Sabine Christiansen, hier mit ihren Gästen Lothar de Maizière (Mitte), letzter Ministerpräsident der DDR, und Hartmut Vorjohann (rechts), Kämmerer von Dresden.

Politikverdrossenheit

Glaubt man den Umfrageforschern und ihren Statistiken, so geht das Interesse an Politik, an politischen Themen und Diskussionen kontinuierlich zurück. Allerdings sind sich Politikwissenschaftler einig, dass der so gern verwendete Begriff der Verdrossenheit eigentlich falsch gewählt ist; er setzt nämlich voraus, dass man sich von einem System abwendet, für das man sich zuvor interessierte. Statistiken belegen allerdings, dass sich in der Gruppe der Nichtwähler nur zirka ein Drittel bewusst aus diesem System ausgeklinkt hat. Die restlichen zwei Drittel, überwiegend junge Leute, stehen dem ganzen System komplett interesselos gegenüber; sie sind nicht verdrossen, denn sie haben sich noch nie mit dem Thema »Politik« auseinandergesetzt. »Die da oben machen doch eh', was sie wollen«, lautet die bekannte Stammtischparole, die dafür als Begründung gerne ins Feld geführt wird.

Interesselosigkeit

Es ist bemerkenswert, wenn nicht sogar erschreckend, wie sich das Recht zur freien Wahl innerhalb von wenigen Generationen von einem hohen Gut zu einem lästigen Vorgang entwickelt hat, dem nur wenig Relevanz beigemessen wird. Noch vor einigen Jahrzehnten ging man auf die Barrikaden, um eigene politische Ziele überhaupt artikulieren zu können. Und wiederum wenige Jahrzehnte davor musste man sogar um sein Leben fürchten, wollte man abseits des politischen Mainstreams aktiv werden.

Teilnehmer des Ostermarsches protestieren in Frankfurt gegen die atomare Hochrüstung und die Stationierung nuklearer Mittelstreckenraketen in Deutschland. Noch heute bieten die Ostermärsche jährlich ein Forum für die Friedensbewegung in Deutschland, die Teilnehmerzahl ist jedoch drastisch zurückgegangen.

Klimawandel und Co.: Sind die aktuellen politischen Probleme zu global, um zum Mitmachen anzuregen?

Das kollektive Abwenden von dem System und von den Prinzipien und Mechanismen, durch die es bestimmt wird, stellt letztlich alles infrage. Je interesseloser die Bevölkerung, umso leichteres Spiel haben »die da oben«, tatsächlich »zu machen, was sie wollen«. Versucht man, die letzte große, ernstzunehmende Bürgerbewegung zu lokalisieren (und dabei wegen der wahrlich besonderen Umstände die friedliche Revolution in der ehemaligen DDR einmal ausklammert), muss man weit zurückblicken: Ende der 1970er-/Anfang der 1980er-Jahre gingen Atomkraftgegner und Anhänger der Friedensbewegung auf die Straße, um ihre politische Position zum Ausdruck zu bringen.

Die nachfolgenden Kundgebungen gegen Hartz IV und die Krawalle zu den Gipfeltreffen der G8-Staaten sind lediglich Ringeltauben, die in der Bedeutungslosigkeit untergehen. Vielmehr suggerieren Politik und Medien unisono, dass die wirklich wichtigen Themen so groß und so weltumspannend sind, dass man ihnen machtlos gegenübersteht. Gegen Globalisierung, Klimawandel, Ölknappheit und demografischen Wandel werden vielmehr einfache Rezepte wie das Kaufen von Energiesparlampen verordnet.

Ergo: Die Kultur der politischen Teilhabe ist rückläufig, und wir alle laufen Gefahr, zukünftig von einer Polit-Elite regiert zu werden, die sich in zementierten Strukturen verschanzt, die immer mehr ihr eigenes Süppchen kocht und immer weniger riskiert, wegen unpopulärer Entscheidungen vom Volk angemessen abgestraft zu werden.

> »Die größte Strafe für alle, die sich nicht für Politik interessieren, ist, dass sie von Leuten regiert werden, die sich für Politik interessieren.«
>
> *Arnold Joseph Toynbee (1889–1975), britischer Historiker*

Warum brauchen wir Politik?

Wenn Menschen zusammenleben, kommt es zu Kontroversen. Sobald unterschiedliche Interessen aufeinanderprallen, ist eine Auseinandersetzung vorprogrammiert. Nur selten lodert ein Konflikt einem Strohfeuer gleich kurz auf und verpufft dann – oft sitzt er tiefer. Je größer die Gruppen sind, die sich gegenüberstehen, und je länger die Spannungen andauern, umso gefährlicher wird die Angelegenheit. Unterschiedliche Meinungen sind häufig nur der Anlass für Auseinandersetzungen, ihnen liegen zumeist ernste und weitgreifende Hintergründe und Konsequenzen zugrunde.

Das führt dazu, dass Konflikte zwischen unterschiedlichen Gesellschaftsgruppen – das können religiöse Vereinigungen, unterschiedliche Nationalitäten oder voneinander abweichende Ideologien sein – sich als massive Probleme festsetzen und über viele Generationen weitervererben.

Aber Kontroversen können sich auch von ganz allein verändern, und das kann bis zur vollständigen Auflösung des Problems führen. Betrachtet man beispielsweise Deutschland in den ersten Jahrzehnten des 20. Jahrhunderts, so gab es allerorten noch tiefe Gräben zwischen Protestanten und Katholiken – heute undenkbar.

Doch an die Stelle alter und überholter Konflikte treten auch neue. Themen wie der Umweltschutz, die Stationierung von Atomraketen oder auch die Auseinandersetzung mit dem Islam sind erst in den letzten Jahrzehnten auf die politische Agenda gekommen.

Ein besonders interessantes Beispiel: der Feminismus. Ein Thema, das erst in den 1970er-Jahren hochkam und von den Protagonistinnen mit einer unglaublichen Verve betrieben wurde, sodass man die Probleme heute als nahezu gelöst ansehen kann. Genau genommen so gut, dass mittlerweile Stimmen laut werden, die den heute heranwachsenden Jungen wieder unter die Arme greifen möchten.

Mischte das patriarchalische Deutschland auf wie keine zweite: Feminismus-Ikone Alice Schwarzer.

Wenn Menschen zusammenleben, kommt der Streit von ganz allein.

Eine zentrale Aufgabe der Politik ist es also, Konflikte zu lösen, indem zwischen den unterschiedlichen Gruppen vermittelt wird. Aber Konflikte können nicht nur durch Vermittlung beseitigt werden, sondern auch durch Entscheidungen. Und gegebenenfalls müssen die, die vermeintlich oder reell unterlegen sind, dazu gezwungen werden, die Entscheidung auch zu akzeptieren.

Die Macht und ihre Instrumente

Um Konsens herzustellen, genügen in den seltensten Fällen nur schöne Worte – dazu braucht man Macht. Der Soziologe Max Weber (1864–1920) definierte Macht so: »Macht ist jede Chance, innerhalb einer sozialen Beziehung den eigenen Willen auch gegen Widerstreben durchzusetzen, gleichviel, worauf diese Chance beruht.« Zuviel Rücksichtnahme kann also auch hinderlich sein.

Macht setzt sich im optimalen Fall aus vier unterschiedlichen Bausteinen zusammen:

Autorität: Man muss in der Lage sein, die Macht zu repräsentieren, und die, über die man sie ausübt, müssen dies auch akzeptieren.

Überlegenheit: Der, der die Macht ausübt, muss in der Gesellschaft eine exponierte Rolle einnehmen.

Einfluss: Man muss fähig sein, seine Pläne, Ideen und Entschlüsse durchsetzen zu können. Dazu müssen dem Betreffenden die richtigen Instrumente an die Hand gegeben werden.

Sanktionsmöglichkeit: Dem Machtinhaber muss es möglich sein, diejenigen mit Sanktionen zu belegen, die gegen die geltenden Regeln verstoßen.

Um entsprechende Sanktionen auch durchsetzen zu können, muss der Mächtige auf Instrumente zurückgreifen können. Die Instrumente der Macht kann man in drei unterschiedliche Gruppen aufteilen. Zu einem steht dem Mächtigen Symbolik zur Verfügung. So kann es schon genügen, dass eine mächtige Person allein durch ihre Präsenz, durch ihr Auftreten oder auch durch symbolisches Einschreiten, zum Beispiel in Form von Erklärungen oder Drohungen, aktiv werden kann.

Die sogenannten Insignien der Macht: Reichsapfel, Zepter und Krone symbolisieren in der Monarchie den göttlich legitimierten, weltlichen Herrschaftsanspruch.

Des Weiteren können materielle Güter zum Machtfaktor werden. Natürlich steht Geld hier an oberster Stelle. Wer sich an die autofreien Sonntage in den 1970er-Jahren oder auch die Situation an den heutigen Tanksäulen erinnert, erkennt, dass auch fremde Volkswirtschaften einen nicht unerheblichen Einfluss auf das Wohlergehen einer Nation haben können.

Aber am Ende ist das Instrumentarium der Macht nur vollständig, wenn auch die physischen Aspekte berücksichtigt werden. Denn wenn am Ende weder symbolische noch materielle Argumente wirken, dann wird zur Gewalt gegriffen. Und so lassen sich die Mächtigen nicht nur ein Recht zur Gewaltanwendung einräumen, sondern sie bestehen auch gleich auf einem diesbezüglichen Monopol. Das bedeutet: Nur der Staat darf Gewalt anwenden, um Recht durchzusetzen und Ordnung herzustellen, sonst niemand (von einigen juristischen Ausnahmefällen abgesehen).

Wenn Argumente nicht mehr wirken, dann holt der Staat auch schon mal den Schlagstock heraus.

Legal versus legitim

Macht sollte beziehungsweise muss also anerkannt sein, um sich voll entfalten zu können. Das gilt vor allem für auf Dauer angelegte und nicht radikale Herrschaftssysteme. Eine wichtige Bedeutung kommt somit der Unterscheidung zwischen Legalität und Legitimität zu. Was auf den ersten Blick wie eine haarspalterische Spitzfindigkeit anmuten mag, geht bei genauerer Betrachtung wesentlich tiefer.

Legal ist Macht dann, wenn sie sich an den herrschenden Gesetzen ausrichtet. Nur leider beißt sich hier die Katze in den Schwanz, wie das dunkelste Kapitel der deutschen Geschichte belegt: Als Hitler und seine Nationalsozialistische Deutsche Arbeiterpartei (NSDAP) in den Reichstag einzogen, geschah dies auf völlig legalem Wege – sie wurden gewählt. Die anderen konservativen Parteien entschlossen sich dazu, mit der NSDAP zu kooperieren, und das Verhängnis nahm seinen Lauf: Hitler wurde ganz offiziell zum Reichskanzler gewählt. Als solcher schlug er vor, die demokratischen Grundsätze außer Kraft zu setzen und eine sogenannte Notstandsverordnung ins Leben zu rufen. Dem stimmten die Konservativen zu und koren ihn somit offiziell zum Diktator. Der Rest ist bekannt. Das war legal, aber nicht legitim.

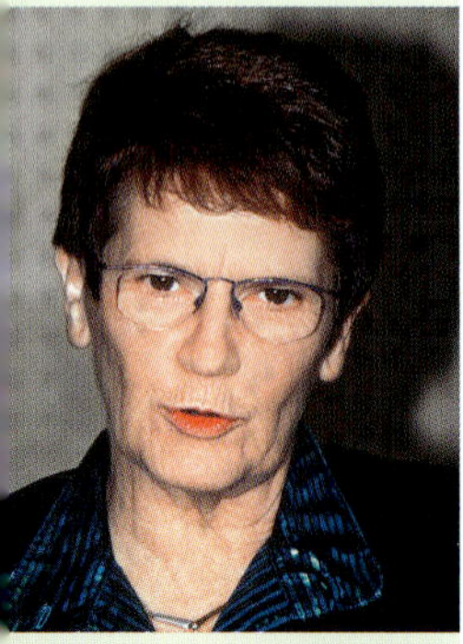

Ob legal oder legitim: Man fliegt gern, aber die Flugbereitschaft muss es sein. Nicht nur für konservative Köpfe wie Rita Süssmuth oder Annette Schavan scheint die Ökobilanz egal zu sein, auch die Vorzeige-Grünen Cem Özdemir und Rezzo Schlauch nutzten die von der Bundeswehr bereit gestellten »Privatjets«.

Legitim ist eine politische Grundordnung dann, wenn sie von ihren Angehörigen, also den Regierenden wie auch den Regierten, als mit ihren Wertvorstellungen übereinstimmend anerkannt wird. Und auch wenn Hitler damals über eine nicht unerhebliche Zahl von Anhängern verfügte, so war sein Regime auf gar keinen Fall legitim. Denn wäre es das gewesen, so hätte er den Weg über die Notstandsverordnung nicht gehen müssen. Nicht alles, was legal ist, ist also auch zwangsläufig legitim.

Wenn es darum geht, politische Systeme beziehungsweise Regierungsformen hinsichtlich ihrer Legitimität zu beurteilen, so kann dies relativ einfach anhand der folgenden Faustformel geschehen: Demokratie ja, Diktatur nein.

Die Diktatur

Unter einer Diktatur versteht man eine Regierungsform, bei der eine einzelne Person oder eine Gruppe die absolute Herrschaft ausübt. Zumeist basiert sie darauf, dass eine legitime und somit demokratisch gewählte Regierung abgesetzt wird; passiert dies in einem Gewaltakt, spricht man von einem Staatsstreich oder auch Putsch. Putschisten begründen ihren Schritt in aller Regel damit, dass sie den Staat oder die Gesellschaft aus einer Notlage befreien müssen und dazu auch in der Lage sind. Ihrer Machtübernahme mangelt es allerdings oft an Legitimität, was durch manipulierte Pro-forma-Wahlen kaschiert wird oder dadurch, dass nach dem Staatsstreich die anderen politischen Strömungen unter Druck gesetzt bzw. offen bekämpft werden.

In vielen Fällen sind die Grenzen zwischen Demokratie und Diktatur in beide Richtungen fließend, denn wenn eine Diktatur nur als Übergangslösung betrachtet wird, kann es dazu kommen, dass nach dem Ablauf einer gewissen Zeit die illegitime, weil nicht demokratisch gewählte Regierung dieses Manko korrigiert und sich freien Wahlen stellt, ein allmählicher Prozess, wie er z. B. in Taiwan oder Südkorea in den 1990er-Jahren stattgefunden hat.

Demokratien können andererseits auch allmählich oder auf einen Schlag diktatorische Züge annehmen, indem beispielsweise wie unter Adolf Hitler die bereits zitierten Notstandsverordnungen in Kraft treten und dadurch die demokratischen Grundrechte eingeschränkt oder gänzlich abgeschafft werden. Die Möglichkeit zur Machtergreifung erfordert in der Regel eine exponierte Stellung in der Politik beziehungsweise im Militär. Denn nur, wer gut vernetzt ist und vielleicht sogar auf die Unterstützung der Streitkräfte zählen kann, hat eine Chance, am Ende auch als Sieger dazustehen.

Nicht jede undemokratische Regierungsform ist zwangsläufig auch eine Diktatur. So existieren zurzeit auf der Welt auch Monarchien, die keinerlei oder nur sehr reduzierte demokratische Tendenzen aufweisen, und die trotzdem nicht als Diktatur gelten. Die Unterscheidung liegt darin, dass in diesen Ländern (wie z. B. den Vereinigten Arabischen Emiraten) der monarchische Anspruch vom Volk anerkannt wird und somit als legitim anzusehen ist. Je weniger der nun folgenden Merkmale einer Diktatur in diesen Monarchien vorhanden sind, umso größer ist die Wahrscheinlichkeit, dass im Volk diese Form der Legitimität empfunden wird.

Autoritäre Diktatur

In einer autoritären Diktatur ist eine Opposition nicht vorgesehen. Sollten sich dennoch derartige Strukturen etablieren, so ist davon auszugehen, dass gegen sie vorgegangen wird, wenn erforderlich auch brutal und rücksichtslos.

Wie selbstverständlich werden Menschen- beziehungsweise Bürgerrechte außer Kraft gesetzt, die Meinungs- und Versammlungsfreiheit eingeschränkt:

- Die Justiz übt ihr Amt ohne jegliche Kontrolle aus, es herrscht keine Unschuldsvermutung mehr und es kommt zu willkürlichen Verurteilungen. Bei der Bestrafung von Delinquenten wird das Gebot der Verhältnismäßigkeit von Strafen außer Kraft gesetzt, und auch für kleinere Vergehen werden völlig überzogene Sanktionen verhängt.
- Die Bekämpfung der Gegner erfolgt unter Einsatz von Folter und Verschleppung.
- Die Freiheit der Presse wird radikal eingeschränkt, die Medien gleichgeschaltet und durch eine fortgesetzte Propaganda im Sinne der Machthaber wird versucht, die Meinung und die Gedanken der Bevölkerung zu beeinflussen.
- Es kommt eine Geheimpolizei zum Einsatz, die sich häufig vollständig außerhalb der bestehenden Gesetze bewegt und so im Volk für Angst und Schrecken sorgt.
- Den Anhängern und systemkonformen Mitläufern wird ein willkürliches Belohnungssystem geboten, das ihnen neben materiellen Zuwendungen für geleistete Dienste auch die immaterielle Anerkennung des Systems gewährt.

Zu den autoritären Varianten zählt man gemeinhin die Diktatur Francos in Spanien (1939–1975) oder die Mussolinis in Italien (1922–1943). Auch die süd- und mittelamerikanischen Diktaturen der vergangenen Jahrzehnte (wie beispielsweise in Argentinien oder Nicaragua) sowie die afrikanischen (z. B. in Togo, Mauretanien, Sudan) und asiatischen Modelle (wie z. B. in

Birma oder Laos) der Gegenwart sind eher der autoritären Diktatur zuzuordnen.

Totalitäre Diktatur

Die Steigerung einer autoritären ist die totalitäre Diktatur. Sie kennzeichnet eine ideologische Ausrichtung, die bei der autoritären Diktatur nicht oder nur im Hintergrund vorhanden ist. Diese Ideologie wird als Quasi-Religion etabliert, sie ist die alles überstrahlende, dogmatische Klammer des Ganzen und beinhaltet eine totale Abwertung des Individuums zugunsten der Gemeinschaft. Es werden diverse übertriebene oder völlig konstruierte Feindbilder etabliert und kommuniziert, die in extremen Fällen den Charakter einer paranoiden Grundhaltung annehmen. Ein kollektiver Verfolgungswahn sorgt dafür, dass die Mitglieder beziehungsweise Angehörigen dieser Gruppen verfolgt und getötet werden.

In der Regel existiert in der totalitären Diktatur eine Partei, deren politische Ideologie das Grundgerüst für die neue Gesellschaftsstruktur darstellt. Parallel dazu wird ein Personenkult geschaffen, der eine Führerfigur, ins Gottgleiche gesteigert, verehrt.

Der wesentlichste Unterschied zu einer autoritären Diktatur ist, dass in der totalitären Variante der Druck auf die Bevölkerung und der Einfluss der Regierung auf sowie die angestrebte Herrschaft über die Gedanken und Einstellungen des Volkes keine Grenzen kennen. Während es den autoritären Diktatoren egal ist, was die Leute denken, solange sie nur die Regeln einhalten, will die totalitäre Diktatur bis in den letzten Winkel der Köpfe der Menschen vordringen und dort die totale Kontrolle erlangen.

Neben der völligen Unterordnung des Volkes und der geistig-intellektuellen Manipulation der Einstellungen durch fortgesetzte Propaganda wird das Denunziantentum gefördert. Das Volk wird dazu aufgefordert, alle diejenigen anzuzeigen, die von den vorge-

Von links nach rechts: General Moscardo Former, General Francisco Franco und Innenminister Ramon Serrano-Suner. Nach der Diktatur Francos in Spanien ging das System weitgehend reibungslos in die Demokratie über. Der von Franco als nachfolgendes Staatsoberhaupt gewünschte König Juan Carlos (* 1938) ist noch heute im Amt.

Prototyp des Wahnsinns: Bis Hitler auf der politischen Weltbühne auftauchte, konnte sich wohl niemand vorstellen, was der Begriff Diktatur alles beinhalten kann.

gebenen Denkmustern abweichen und sich so nach der verqueren Logik dieser Systeme als Staatsfeinde darstellen. Diese sehen sich dann im Zuge dieser Hexenjagd auch brutalen Sanktionen ausgeliefert, die neben langen Haftstrafen auch Folter und Exekutionen umfassen können.

Denen, die dem System folgen, wird die vollständige Erlösung versprochen, wenn die heilsbringende Ideologie erst vollumfänglich um- und eingesetzt ist.

Neben dem Prototypen der totalitären Diktatur, dem Nationalsozialismus in Deutschland, gab es noch zahlreiche andere Systeme, die sich in diese Richtung verirrt hatten. Dazu gehört der Stalinismus in der Sowjetunion, der Maoismus in China und nicht zuletzt auch das System der ehemaligen DDR, auch wenn sich zeitgenössische Historiker im Zuge der Wiedervereinigung und der Integration dieses Systems in das der Bundesrepublik noch schwer tun, das auch wirklich vollumfänglich anzuerkennen.

Grundzüge der Demokratie

Der Begriff Demokratie stammt aus dem Griechischen und leitet sich von den Wörtern *démos* = Volk und *kratía* = Herrschaft ab. Demokratie bedeutet also nichts anderes, als dass die Menschen eines Volkes selbst bestimmen, von wem sie regiert werden.

Demokratien funktionieren in der Regel nach dem Mehrheitsprinzip: Es wird im Sinne der Mehrheit der Wähler regiert, die Minderheit muss sich unterordnen. Wenn sich jedoch die Minderheiten den Beschlüssen der Mehrheit nicht beugen und sich dagegen zur Wehr setzen, kann es zu massiven Problemen kommen. Forciert werden diese Konflikte dann, wenn sich in einem demokratischen System die Mehrheitsstrukturen so dauerhaft etablieren, dass die Minderheit keine Chance sieht, jemals an die Macht zu kommen.

Wenn ein Land nach diesem klassischen Mehrheitsprinzip regiert wird, wie dies in fast allen westeuropäischen Ländern der Fall ist, spricht man auch von einer Konkurrenzdemokratie. Ihr steht das System der sogenannten Konkordanzdemokratie gegenüber, in dem möglichst viele gesellschaftliche Gruppen in die Entscheidungsfindung eingebunden werden sollen, sodass eine Konsensfindung möglich ist. Es setzt voraus, dass bestimmte unterschiedliche Gruppierungen per se an der politischen Entscheidungsfindung beteiligt sind. Diese Gruppierungen mögen sich aufgrund ihrer politisch-ideologischen Haltung voneinander abgrenzen, können aber auch durch unterschiedliche Sprache, Ethnie oder Religion geprägt sein. Dieser Minderheitenschutz kann allerdings dazu führen, dass die Integration und Aussöhnung miteinander konkurrierender gesellschaftlicher Gruppen verhindert wird und sich die Differenzen, Probleme und Aversionen verfestigen. Denn schließlich werden hier die Unterschiede nicht nur offiziell anerkannt, sondern sind sogar tragende Säulen des Systems. Bei der Entscheidungsfindung wird grundsätzlich auf Ausgleich geachtet: Öffentliche Ämter werden anteilig besetzt, Spitzenämter werden rotierend ausgeübt und Sachprobleme können anhand von Kompromisslösungen bekämpft werden. Entweder wird eine Lösung gesucht, die möglichst Vielen gerecht wird oder es wird ein Handel veranlasst: Stimmt die eine Partei gegen ihre Überzeugung bei der Bearbeitung von Problem A dem Gegner zu, so wird ihr auf der anderen Seite bei Problem B recht gegeben.

Konkurrenz- und Konkordanzdemokratien existieren in den seltensten Fällen in Reinkultur, vielmehr sind in vielen Demokratien dieser Welt Mischformen vorhanden. Betrachtet man die Einbindung unterschiedlicher Bundesländer in Form einer föderalistischen Regierungsform, so lassen sich relativ große Konkordanztendenzen erkennen. Die Schweiz gilt gemeinhin als das Land, in dem die Konkordanzdemokratie am stärksten ausgeprägt ist.

Perikles, athenischer Staatsmann im fünften vorchristlichen Jahrhundert, gilt als der Erfinder der Demokratie. Gipsabguss einer römischen Marmorkopie nach einem Original des Kresilas, um 440 v. Chr.

Doch unabhängig davon, wie in einer Demokratie Mehrheiten gefunden beziehungsweise Beschlüsse gefasst werden – unverzichtbare Voraussetzung ist, dass die demokratischen Strukturen und eine diesbezügliche Mentalität in der Bevölkerung flächendeckend fest verankert sind und dieses System vom überwiegenden Teil der Bevölkerung akzeptiert und mitgetragen wird.

Das Prinzip der Gewaltenteilung

Einer der ehernsten Grundsätze der Demokratie ist die Teilung der Gewalten. Gemeinhin kennt man davon drei: die Legislative, die Judikative und die Exekutive – eine Klassifizierung, die auf den Baron de Montesquieu (1689–1755) zurückgeht.

Unter der Legislative versteht man die gesetzgebende Gewalt, und das ist in einer parlamentarischen Demokratie, wie der Name schon sagt, das Parlament. Dort werden Gesetze beschlossen. Dies bedeutet: Gesetze beschließt nicht der Bundeskanzler mit seiner Regierung und auch nicht der Bundespräsident, sondern über Gesetze wird im Parlament abgestimmt. Natürlich ist es so, dass der Bundeskanzler normalerweise über eine Mehrheit im Parlament verfügt, da er ja schließlich auch von diesem gewählt wird. Somit ist davon auszugehen, dass Gesetzesvorlagen, die eine Regierung einbringt, vom Parlament auch beschlossen werden. Ausnahmen sind allerdings möglich und auch schon vorgekommen.

Die Judikative bezeichnet das gesamte Gerichtswesen, also das Verfassungsgericht, die Bundes-, Länder- und Amtsgerichte. In der Bundesrepublik Deutschland regelt Art. 97 des Grundgesetzes (GG), dass die Richter unabhängig und nur dem Gesetz unterworfen sind. Das bedeutet: Eine direkte politische Einflussnahme auf Richter ist nicht zulässig. Es kann also niemand, der der Exekutive oder Legislative angehört, Einfluss auf Gerichtsentscheidungen nehmen. Zumindest sieht die Verfassung vor, dass das niemand *können soll*.

Die Schweiz ist auch in politischer Hinsicht ein Land mit besonderen Merkmalen. Kennzeichnend sind vor allem die Neutralität und das spezielle Regierungssystem.

Die Schweiz ist weder Mitglied der Nato noch Mitglied der EU noch Mitglied des Bundes blockfreier Staaten; erst nach langem Zögern ist sie im Jahre 2002 der Uno beigetreten.

Fragt man jemanden nach dem Staatsoberhaupt oder dem Regierungschef der Schweiz, dann erntet man in der Regel Ratlosigkeit. Das liegt daran, dass es in der Schweiz weder ein Staatsoberhaupt noch einen Regierungschef im herkömmlichen Sinne gibt. Regiert wird die Schweiz vom Bundesrat, der sich aus sieben Mitgliedern unterschiedlicher Parteien zusammensetzt und der auch gleichzeitig die Funktion des Staatsoberhaupts ausübt. Die Besetzung erfolgt nach der sogenannten Zauberformel, die erstmalig im Jahre 1959 festgelegt wurde und in der geregelt ist, welche Parteien in diesem siebenköpfigen Gremium mit welcher Stärke vertreten sind. Aktuell sind allerdings in der Schweiz große Probleme zu beobachten, da die Stabilität dieser Zauberformel im Jahr 2003 ins Wanken geriet.

1959 wurde diese Zauberformel auf Basis der damaligen Sitzverteilung im schweizerischen Parlament ins Leben gerufen. Die drei Parteien FDP (Freisinnig-Demokratische Partei), CVP (Christlichdemokratische Volkspartei) und SP (Sozialdemokratische Partei) erhielten je zwei Sitze im Bundesrat, die SVP (Vorgängerin der BGB) einen. 2003 setzte die SVP (Schweizerische Volkspartei) wegen deutlich veränderter Mehrheiten eine Änderung durch und erhielt von der CVP einen Sitz.

1291: Vertreter der drei Urkantone Uri, Schwyz und Unterwalden finden sich auf der Rütli-Wiese zum Schwur zusammen. Holzstich nach einer Zeichnung von Adolf Erhardt.

Die Kandidaten für die Ämter des Bundesrates werden von den jeweiligen Parteien nominiert und dann vom Parlament gewählt. Es ist aber auch schon vorgekommen, dass das Parlament den Vorschlägen der Partei zur Besetzung eines Bundesratssitzes nicht folgte. So wurde zuletzt im Jahre 2007 nicht der von der SVP vorgeschlagene Kandidat Toni Brunner, sondern seine Parteikollegin Eveline Widmer-Schlumpf gewählt, was für erhebliche Unruhe in der Schweiz sorgte.

Der Plenarsaal des Deutschen Bundestags. Hier werden die Gesetze beschlossen – oder eben auch nicht.

Als oberste juristische Instanz fungiert das Bundesverfassungsgericht in Karlsruhe, das zwei wesentliche Funktionen einnimmt: Zum einen dient es für jeden Rechtsstreit als allerletzte Überprüfungsinstanz und hat somit das ultimativ letzte Wort. Zum anderen ist es die Aufgabe der Verfassungsrichter, bei Bedarf die Verfassungsmäßigkeit von Gesetzen zu überprüfen, die von der Legislative erlassen wurden. Und bei einem entsprechenden Richterspruch sind die politischen Entscheidungsträger ohne Wenn und Aber verpflichtet, den Vorgaben des Verfassungsgerichts Folge zu leisten und diese umzusetzen.

Hinter dem Begriff Exekutive verbirgt sich die ausführende Gewalt; in der Bundesrepublik Deutschland ist das die Bundesregierung mit dem gesamten Staatsverwaltungsapparat, also allen, die sich darum kümmern, dass Gesetze und Verordnungen eingehalten und auch umgesetzt werden.

Der Sinn dieser horizontalen Gewaltenteilung liegt darin, Diktaturen und Staatsstreichen vorzubeugen, indem sich die unterschiedlichen Staatsgewalten gegenseitig kontrollieren und verhindern, dass einzelne Strukturen so mächtig werden, Gesetze gleichzeitig erlassen, anwenden und auch vollstrecken zu können.

Föderalismus

Daneben gibt es auch eine vertikale Dimension der Gewaltenteilung. Darunter versteht man die Aufteilung des Landes in unterschiedliche regionale Bereiche, in die Bundes-, die Länder- und die Kommunalebene, wobei eine jede mit unterschiedlichen Kompetenzen ausgestattet ist.

In Deutschland ist so, dass die Verfassung unterschiedliche Kompetenzbereiche für die Gesetzgebung kennt. Der einfachste Fall liegt vor, wenn der Bund, also das Parlament in Berlin, auch Bundestag genannt, die ausschließliche Gesetzgebung hat. Schwieriger wird es bei der konkurrierenden Gesetzgebung. Denn allen Gesetzen, deren Inhalte laut Verfassung die Länder mitbetreffen, muss der Bundesrat, also die Vertretung aller 16 Bundesländer, ebenfalls zustimmen. Manchmal kommt es dazu, dass Partei A auf Bundesebene an der Macht ist und Partei B die Mehrheit aller Bundesländer in Deutschland regiert. Dann wird das Regieren schon mal zur Qual, wenn nämlich Gesetze, die der Bundestag gern beschließen würde, im Bundesrat zu Fall gebracht werden.

Neben der konkurrierenden und der ausschließlichen Gesetzgebung kennt das deutsche System noch die Rahmengesetzgebung. Hier werden vom Bund entsprechende Vorgaben gemacht, die dann, teilweise mit einem gewissen Handlungsspielraum, von den Bundesländern entsprechend umgesetzt werden müssen.

Und in einigen wenigen Bereichen steht den Bundesländern auch die alleinige rechtliche Hoheit zu. Dazu gehören u. a. die Bereiche Polizeiwesen und Bildungs-

Horizontale Gewaltenteilung in der Bundesrepublik Deutschland

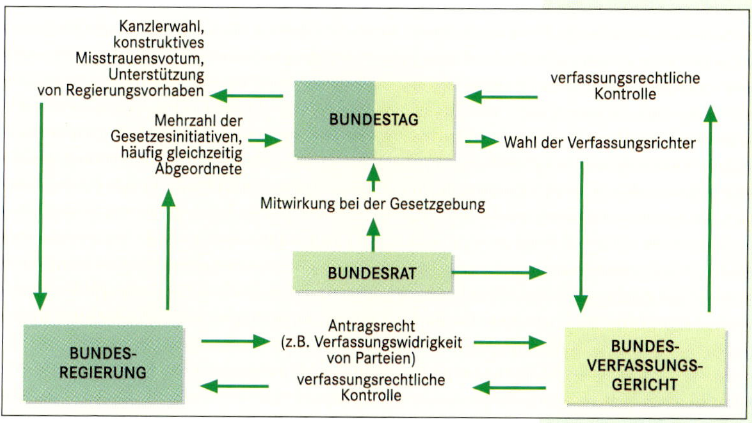

politik. Das führt dazu, dass es in Deutschland in so wichtigen Bereichen wie dem Schulwesen 16 unterschiedliche Lösungen gibt, von denen kaum eine den Anspruch erheben kann, die beste zu sein. Und bei der Verfolgung von Straftätern müssen die Polizisten des einen Bundeslandes an der Ländergrenze haltmachen und darauf warten, dass die Kollegen aus dem anderen Bundesland übernehmen.

Gründe für den Föderalismus gibt es viele. Zum einen sahen die alliierten Mächte nach dem Ende des Zweiten Weltkriegs die Notwendigkeit sicherzustellen, dass in einem Land wie Deutschland, dessen Bevölkerung zwölf Jahre lang von einem wahnsinnigen Diktator regiert worden war, nie wieder ein Mensch allein uneingeschränkte Macht über das gesamte Land erlangen sollte. Die Lösung lag auf der Hand: eine zweite Regierungsebene auf regionaler Ebene einzuführen. Aber dies ist nicht außergewöhnlich; Länder wie USA, Kanada, Russland und viele mehr verfügen über eine derartige Repräsentation der unterschiedlichen Landsmannschaften.

Die unterschiedlichen Verwaltungsebenen in Deutschland sorgen dafür, dass keiner zu kurz kommt, auf der anderen Seite aber auch dafür, dass jeder mitreden möchte.

Verwaltungsebenen in Deutschland

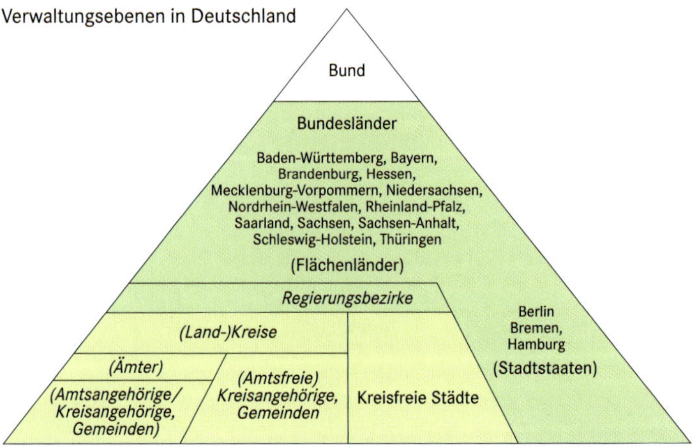

Ergo: Gewaltenteilung ist für eine Demokratie existenziell, die horizontale scheint in ihrer Bedeutung für den Grundgedanken der Demokratie allerdings wesentlich wichtiger zu sein als die vertikale.

Politische Partizipation

Ein weiteres wichtiges Merkmal der Demokratie ist der Umfang, in dem das Volk tatsächlich an der politischen Entscheidungsfindung beteiligt ist. Betrachtet man die großen und etablierten Demokratien dieser Welt, so kommt dem durchschnittlichen Bürger lediglich die Rolle zu, sich einmal in einem Zeitraum von mehreren Jahren aus einer Handvoll ernstzunehmender Parteien in einem Wahlvorgang für diejenige zu entscheiden, deren Ziele seinen Vorstellungen am ehesten entsprechen. Fortan wird das Land von denen regiert, die aus dieser Wahl als Gewinner hervorgegangen sind. Nicht nur Politikwissenschaftler stehen diesem System mitunter mit gemischten Gefühlen gegenüber. Denn die Rolle des Volkes bei der politischen Entscheidungsfindung auf ein paar Kreuzchen zu reduzieren, wäre nur eine rudimentäre Form der Mitbestimmung. In einer Demokratie westlicher Prägung steht das politische System daher grundsätzlich jedem offen, und es gibt unterschiedliche Möglichkeiten, aktiv zu werden.

Wahlzettel als einzige Partizipationsmöglichkeit der Demokratie? Weit gefehlt!

Zu den wichtigsten Grundrechten, die Menschen eingeräumt werden können, gehören das Recht auf freie Meinungsäußerung, auf Versammlungsfreiheit und auf Pressefreiheit. Der tiefere Sinn, der sich dahinter verbirgt, ist klar: Die Möglichkeiten zur politischen Meinungsbildung und zur Organisation können und dürfen nicht von staatlicher Seite eingeschränkt werden.

Und so hält das politische Instrumentarium für jeden mündigen Bürger einige Möglichkeiten

Chancengleichheit für Schüler steht in Deutschland außer Frage. Aber wie verträgt sich das mit sechzehn unterschiedlichen Schulkonzepten?

bereit, aktiv zu werden, auch ohne den beschwerlichen Weg der klassischen Parteienkarriere beschreiten zu müssen.

Die gängigste Möglichkeit, auf das, was einen in politischer Hinsicht umtreibt, aufmerksam zu machen, ist die Gründung einer Bürgerinitiative. Bürgerinitiativen haben meistens ein akutes Problem zum Thema, werden von Betroffenen ehrenamtlich betrieben und sind in der Regel zeitlich begrenzt.

Eine weitere Möglichkeit, seine Meinung frei zum Ausdruck zu bringen, bieten öffentliche Demonstrationen, die von Gewerkschaften, Bürgerinitiativen, Interessenverbänden oder auch politischen Parteien veranstaltet werden, wenn sie es für angeraten halten, und an denen sich jeder beteiligen kann. Das Recht auf Versammlungsfreiheit sieht vor, dass Demonstrationen stattfinden dürfen, wenn sie ordnungsgemäß angemeldet werden. Das geht so weit, dass sogar Straßen gesperrt werden und so Unbeteiligte oder vielleicht auch mit dem Thema Sympathisierende in Mitleidenschaft gezogen werden. Der freien Meinungsäußerung werden also weitreichende Rechte eingeräumt, deren Umfang insbesondere bei Massenkundgebungen extremer politischer Lager offenbar wird. In solchen Fällen schützt der demokratische Staat mit seinen Polizeibeamten sogar die Kundgebungen von Parteien oder Vereinigungen, die ihn am liebsten abschaffen würden. Das mag zunächst befremdlich wirken, ist aber ein Zeichen für die Souveränität und Leistungsfähigkeit der Demokratie.

Die Polizei schützt eine Demonstration von Neonazis. Absurd sagen die einen, souverän sagen die anderen.

Ziviler Ungehorsam ist eine Variante öffentlichen Protests, die sich häufig im Grenzgebiet zwischen aktiver und passiver Gewalt bewegt, den Rahmen der Legalität bis zum Äußersten ausnutzt oder auch sprengt, den liberalen Geist fordert, durch spektakuläre Aktionen die Medienaufmerksamkeit auf sich zieht und durchaus auch instrumentalisiert. Die Blockaden der Castor-Transporte, die Krawalle aus Anlass der regelmäßig stattfindenden Gipfeltreffen der G8-Staaten oder die aufsehenerregenden Aktionen von Greenpeace oder Attac zeigen, dass mit zivilem Ungehorsam große Breitenwirkung erzielt werden kann. Das Paradoxe daran: Je mehr Kamerateams vor Ort sind, um solche Ereignisse zu dokumentieren, umso weniger müssen sich die Aktionen mit geltendem Recht vereinbaren lassen.

Als weiteres Instrument der politischen Mitwirkung steht den Bürgern der Bundesrepublik Deutschland das Recht zu, sich im Rahmen einer Petition an die jeweiligen Parlamente zu richten. Zwar kann man sicher sein, dass dieses Begehren dort sowohl geprüft wie auch beantwortet wird, doch nur selten wird eine Petition von dem zuständigen Ausschuss auch tatsächlich dem Parlament vorgelegt und findet den Weg in die offizielle politische Diskussion.

»Politik ist die Kunst, die Leute daran zu hindern, sich um das zu kümmern, was sie angeht.«
Paul Valéry (1871–1945), französischer Lyriker und Philosoph

Bürgerentscheide sind ein ganz besonderes Gebiet der politischen Mitbestimmung. Es gibt Länder, in denen sie wie selbstverständlich zum politischen Alltag gehören, wie in der Schweiz oder auch in den USA, wo vor allem auf kommunaler Ebene sehr viel gewählt und abgestimmt wird. Aber wenn dort diesbezüglich resümiert wird, wird klar, dass das Interesse der Bevölkerung mit steigender Beanspruchung abnimmt.

Dann gibt es Länder wie Irland oder Italien, in denen Referenden vom Volk veranlasst werden können, und deren Ergebnisse dann für die Regierung bindend sind.

Und es gibt Länder wie Deutschland, wo nationale Abstimmungen nicht vorgesehen sind. Anders auf regionaler Ebene: In den Bundesländern gibt es unterschiedliche Regelungen, wie man sich auf kommunaler Ebene tatsächlich rechtswirksam zu Wort melden kann, um einen sogenannten Bürgerentscheid zu erzwingen.

Die Partei

»Wenn man eine politische Partei nicht besiegen kann, muss man ihr beitreten.«

Bob Hope (1903–2003), amerikanischer Schauspieler und Komiker

Die klassische Methode, an der politischen Meinungsbildung mitzuwirken, ist das Engagement in einer Partei – so ist es gewünscht und in der deutschen Verfassung in Art. 21 Abs. 1 des Grundgesetzes (GG) ausdrücklich festgeschrieben: »Die Parteien wirken an der Bildung des politischen Willens des Volkes mit.« Ihre Aufgabe ist es, neben der politischen Willensbildung auch Personal zur Verfügung zu stellen, das dann in den Zirkel der Entscheidungselite aufgenommen werden könnte. Parteien sollen die Vielzahl möglicher Interessen und Konfliktpunkte bündeln und die für relevant befundenen Themen durch eine entsprechende Bewertung in mögliche oder tatsächliche Entscheidungsprogramme umsetzen.

Die Konkurrenz zwischen den Parteien soll dazu dienen, einen partiellen Konsens herzustellen. Das bedeutet: Möglichst viele Bürger sollten ihre Meinung zu wichtigen Themen irgendwo im politischen Spektrum wiederfinden können. So kommt dem Dauerkonflikt zwischen den Lagern, der auf den aufgeklärten Beobachter teilweise so lähmend wirken kann, tatsächlich ein übergeordneter Sinn zu: Durch eine Ventilfunktion soll erreicht werden, dass sich die Bürger ernstgenommen und vertreten fühlen. Dies ist wichtig, damit die Parteien auch ihrer offiziell anerkannten Funktion als Vermittler zwischen dem Volk und den Staatsorganen nachkommen können.

Des Weiteren ist es Aufgabe der Parteien, den Wahlkampf auszurichten und Kandidaten anzubieten, die in der Lage sind, politische Ämter zu bekleiden. Aber damit die Parteien ihre Aufgaben wirklich übernehmen können, ist es wichtig, dass sie auch über die entsprechenden materiellen Mittel verfügen.

Das sang man in der DDR, und es war ernst gemeint:

Die Partei, die Partei, die hat immer recht!
Und, Genossen, es bleibe dabei;
Denn wer kämpft für das Recht,
Der hat immer recht.
Gegen Lüge und Ausbeuterei.
Wer das Leben beleidigt,
Ist dumm oder schlecht.
Wer die Menschheit verteidigt,
Hat immer recht.
So, aus Leninschem Geist,
Wächst, von Stalin geschweißt,
Die Partei - die Partei - die Partei.

Das »Lied der Partei« von Louis Fürnberg, 1950

Die Parteienfinanzierung
Oberstes Gebot für die Organisation der Parteienlandschaft ist es, Chancengleichheit herzustellen. In einer sich verändernden Gesellschaft sollte sie so dynamisch strukturiert sein, dass auch neue Bewegungen dort Fuß fassen können.

Darüber hinaus gilt es aber auch, den Einfluss von Geldgebern auf die Politik zu reduzieren, damit nicht einige wenige finanziell potente »Investoren« über Gebühr Einfluss auf die Ausgestaltung des politischen Systems nehmen können. Als abschreckendes Beispiel seien in diesem Zusammenhang die USA genannt. Dort gibt es keinerlei Kontrolle über die Finanzierung der Parteien, vielmehr ist es erstaunlich bis erschreckend, wie ungeniert dort Großspender in die Politik und vor allem in das Wahlkampfgeschehen eingreifen. Das ist besonders bedenklich, da in den USA wie in kaum einem anderen Land der Welt die Faustformel gilt: Wer am meisten Geld hat, kann am meisten Wahlwerbung machen und wird Präsident. Nur wirklich maßlos naive Menschen können glauben, dass Unternehmen, die mehrere Millionen für den Wahlkampf eines Spitzenkandidaten spenden, dies tun, ohne dafür anschließend eine entsprechende Gegenleistung zu erwarten. Allein der Vorwahlkampf der beiden demokratischen Kandidaten Obama und Clinton im Jahre 2008 hat die ans Absurde grenzende Summe von nahezu 400 Millionen US-Dollar gekostet. Und wenn man berücksichtigt, dass hier lediglich zwei Kandidaten derselben Partei gegeneinander antraten, so kann man sich vorstellen, dass auch nur Marginalien in der Politik den Spendern offenbar sehr wichtig sind.

In Deutschland ist dieser Praxis ein massiver Riegel vorschoben. Hier regelt ein Gesetz, wie die Finanzierung von Parteien auszusehen hat. Als übergeordnetes Prinzip gilt es, einen Ausgleich zu finden, der zum einen die politische Handlungsfähigkeit der Parteien garantiert, zum anderen Chancengleichheit auch für neue Bewegungen darstellt und schließlich eine zu große Abhängigkeit von Großspendern verhindern soll.

Parteien finanzieren sich aus fünf Quellen. Zuvorderst stehen dort natürlich die Beiträge der Mitglieder, die in der Regel einkommensabhängig berechnet werden und teilweise doch recht stattliche Beträge umfassen können. Neben dem Obolus der Basis werden auch sogenannte Mandatsträgerbeiträge erhoben. Das bedeutet, dass diejenigen, die aufgrund ihrer Parteimitgliedschaft Karriere gemacht haben und daraus ein Einkommen beziehen, also beispielsweise als Abgeordneter oder Minister, von diesem Salär einen bestimmten Anteil an die Partei zurückzahlen.

Parteien können auch selbst wirtschaftlich tätig sein, indem sie Veranstaltungen durchführen, Publikationen veröffentlichen oder Produkte veräußern, aus denen sie Umsätze generieren.

Und schließlich können Parteien auch Spenden entgegennehmen. Aber dies wird vom Gesetzgeber stark reglementiert, um eine finanzielle Abhängigkeit von Geldgebern zu minimieren. In der Vergangenheit hat es schon häufiger massive Probleme gegeben. Nicht nur der Name Flick wird noch für lange Zeit mit dem größten Spendenskandal der deutschen Geschichte verbunden sein. Auch Ex-Kanzler Kohl war zugegebenermaßen in entsprechende Unregelmäßigkeiten verwickelt, und bei Jürgen Möllemann endete sein undurchsichtiges Selbstfinanzierungdebakel tragisch.

Um diese Abhängigkeit von Spenden zu reduzieren, unterstützt der Staat Parteien finanziell. So wird der Erfolg der Parteien durch die messbare Resonanz im Volk honoriert. Pro erzielter Stimme in einer Wahl, aber auch pro eingenommenem Euro aus Spenden und Mitgliedsbeiträgen (aber nur von Privatpersonen und nur pro Person bis zu einer Obergrenze von 3300 Euro) gewährt der Staat den Parteien Zuschüsse. Insgesamt wird ein Budget von zurzeit 133 Millionen Euro an die Parteien verteilt.

Parteispendenskandale gehören offenbar zu unserem System dazu: Friedrich Karl Flick, Helmut Kohl und Jürgen Möllemann machten die dicksten Schlagzeilen.

Kritik am Parteiensystem

So etabliert das System der politischen Parteien ist, so kritisch darf beziehungsweise sollte man es betrachten. Ursprünglich waren Parteien Zusammenschlüsse von gesellschaftlichen Eliten, die sich so besser für ihre politische Partizipation organisieren konnten.

Im 20. Jahrhundert entwickelten sich dann die sogenannten Volksparteien. Ziel war es, das gesamte politische System auf möglichst breiten und somit auch stabilen demokratischen Fundamenten aufzubauen, um den politischen Apparat für jedermann offen zu konstruieren. Das Vorgehen war einfach: Jemand trat in eine Partei ein, machte, wenn er dazu in der Lage war, dort Karriere und kam mit viel Glück und Geschick vielleicht sogar an die Macht.

Das letzte Aufbäumen der Basis-Demokratie: 1993 sollte Gerhard Schröder von den SPD-Mitgliedern zum Kanzler-Kandidaten gewählt werden. Aber es wurde Rudolf Scharping. Die SPD verlor, und seitdem fragt auch jede andere Partei die Basis nur noch, wenn es sich wirklich nicht verhindern lässt.

In den letzten Jahrzehnten ist dieses System der Volkspartei allerdings untergraben worden. Politikwissenschaftler sind sich einig, dass die Volkspartei schon lange der Berufspartei gewichen ist. Parteien verlieren immer mehr ihren basisdemokratischen Charakter und mutieren zu Politik-Unternehmen, die von einem kleinen und abgeschotteten Profi-Zirkel geleitet werden. Die Parteibasis, die sich vornehmlich aus ehrenamtlich engagierten Mitgliedern rekrutiert, ist, so kritisieren viele, nur noch dazu da, um im Wahlkampf in den Fußgängerzonen auf Stimmenfang zu gehen und ansonsten den von der Parteispitze häufig in autoritärem Ton verordneten Marschrouten zu folgen. Und gerade dieser autoritäre Ton trifft viele überzeugte Demokraten ins Mark: Was richtig oder falsch ist, wird von einer kleinen Elite bestimmt, und eine Rechtfertigung vor dem Plenum der Partei findet kaum statt.

Das Parteienspektrum

Das Wichtigste an Parteien ist ihre grundsätzliche politische Ausrichtung. Denn diese definiert nicht nur positiv das, was dort für richtig und wichtig gehalten wird und welche Leitlinien das eigene politische Handeln definieren. Vielmehr legt die eigene politische Identität durch Negativabgrenzung fest, gegen wen man kämpft und wovon man sich distanziert.

Grundsätzlich ist es wichtig, wie viele unterschiedliche Parteien in einem politischen System so etabliert sind, dass sie im Parlament vertreten sind. Betrachtet man die USA oder Großbritannien als klassische Zweiparteiensysteme, so werden schnell die Vor-, aber auch die Nachteile offensichtlich. Einerseits ist nahezu garantiert, dass eine der beiden Parteien die absolute Mehrheit erzielt und somit die Regierung bilden kann, andererseits ist in einem so reduzierten System die Möglichkeit, nach eigenem Gusto zu wählen, stark reduziert.

Je mehr Parteien existieren, umso größer ist die Wahrscheinlichkeit, dass unterschiedliche Parteien in

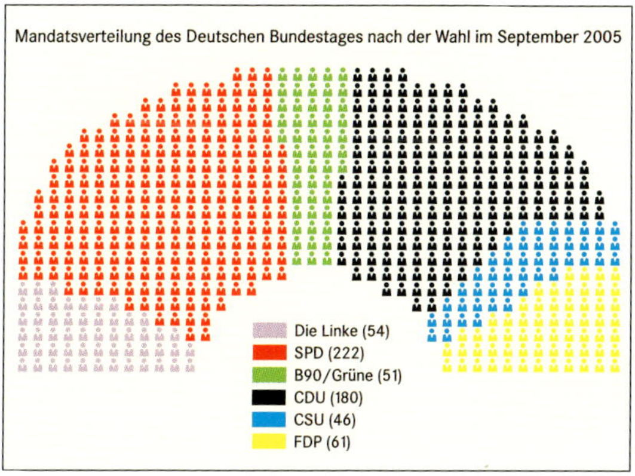

Bunt ist Trumpf: Allmählich gehen in Deutschland die Farben aus … und eine, nämlich Braun, ist ja glücklicherweise für immer tabu.

einer Koalition zueinanderfinden müssen, um eine Mehrheit im Parlament zusammenzubekommen. Der Vorteil: eine breitere Berücksichtigung unterschiedlicher Interessen. Der Nachteil: Streitigkeiten zwischen den Koalitionspartnern, vor allem, wenn es darum geht, die eigenen Prinzipien in der Politik verwirklicht zu sehen. Und vor allem, wenn Wahlkämpfe anstehen, werden die Partner sehr schnell zu Konkurrenten, und das Regieren wird (noch) schwieriger.

Ein besonderes Beispiel war das Zweieinhalb-Parteiensystem, das in Deutschland bis zur Etablierung der Grünen in den 1980er-Jahren vorherrschte. Es versetzte die kleinste Partei, die FDP, die logischerweise auch aufgrund der niedrigen Wahlergebnisse auf die geringste demokratische Legitimation zurückblicken konnte, in die Lage, darüber zu entscheiden, wer das Land regierte. Als Zünglein an der Waage konnte sie, wie 1982 geschehen, die Koalition mit dem einen Regierungspartner lösen und so die bisherige Opposition an die Regierung bringen.

Je mehr Parteien gewählt werden – im Deutschen Bundestag sind es derzeit fünf –, umso größer ist zwar

Auch das bedeutet Demokratie: Helmut Schmidt gratuliert seinem Nachfolger Helmut Kohl, nachdem ihn die FDP 1982 gestürzt hat.

die Auswahl für den Wähler, aber umso komplizierter ist es auch, eine Mehrheit finden. So ist es in Deutschland aktuell wahrscheinlich, dass in Zukunft zur Bildung einer Mehrheit abseits einer Großen Koalition ein Zusammenschluss aus drei Parteien erforderlich sein wird.

Links und rechts

Wenn es um die Grundrichtungen der Politik geht, dann verwenden wir gern zwei Begriffe, die man eigentlich aus anderen Zusammenhängen kennt: links und rechts. Links, das klingt nach link oder linkisch und ist das falsche Händchen, und rechts, das klingt nach recht so, richtig, legitim und nach der Hand, die man hauptsächlich benutzt. Aber diese Wertung ist rein zufällig. Tatsächlich gehen die Begriffe auf die französische Nationalversammlung zurück, die zum ersten Mal im Revolutionsjahr 1789 zusammentrat. Dort saßen die Reformer, die das Volk an die Macht bringen wollten, links; die Konservativen, die Monarchisten, die alles so lassen wollten, wie es (eigentlich schon nicht mehr) war, saßen rechts. Diese Sitzordnung bescherte uns bis zum heutigen Tag ein relativ simples Muster, um politische Strömungen zu klassifizieren.

Doch zwischen der linken Politikversion, auch Sozialismus genannt, und der rechten, dem Konservatismus, steht noch eine dritte Strömung: der Liberalismus.

Liberalismus

Die Wurzeln des Liberalismus liegen in der Zeit der Aufklärung, jener Periode, in der die mittelalterlichen Herrschaftsstrukturen und die alles überstrahlende Dominanz der Kirche ins Wanken gerieten. Damals begründeten die Philosophen das Prinzip, nach dem das einzelne Individuum als selbstständig handelndes, denkendes und beurteilendes Wesen zu betrachten ist. Als oberstes Ziel für die Zukunft wurde die Freiheit von Zwang angestrebt; den Menschen sollte die Möglichkeit eingeräumt werden, frei zwischen unterschiedlichen Möglichkeiten zu wählen. Der Einhaltung der Menschenrechte sollte gegenüber allen staatlichen Entscheidungen uneingeschränkter Vorrang eingeräumt werden. Das Leben, die Freiheit und das Eigentum gelten als unveräußerliche Rechte des Bürgers, die über allem stehen. Der Liberalismus gilt somit als die eigentliche Triebfeder der Demokratie, und als oberste Maxime wurden Toleranz und Minderheitenschutz festgelegt.

Im Dezember 1948 verabschiedete die UN-Vollversammlung die *Allgemeine Erklärung der Menschenrechte*. Sie wurde zur Grundlage des humanitären Völkerrechts. Auch wenn sie keinen rechtlich verbindlichen Charakter besitzt, so wird sie doch offiziell von allen Uno-Mitgliedern anerkannt. Die wichtigsten Inhalte sind:

- Die Gleichstellung von Mann und Frau
- Das angeborene Recht auf Leben
- Das Verbot von Folter und Sklaverei
- Das Recht auf persönliche Freiheit und Sicherheit
- Das Gebot, jeden »bei seiner Festnahme über die Gründe der Festnahme zu unterrichten«, ihn einem Richter vorzuführen und ihm eine Anhörung vor einem Gericht zu ermöglichen.
- Das Recht, sich »frei zu bewegen«
- Das Recht, »vor Gericht gleich« zu sein
- Die Gedanken-, Gewissens-, Versammlungs- und Religionsfreiheit
- Das Recht von Mann und Frau, im heiratsfähigen Alter eine Ehe einzugehen und eine Familie zu gründen.
- Das Recht, bei Wahlen wählen zu können oder auch selbst gewählt zu werden
- Eine Vielzahl von Rechten speziell für Kinder

Aber die Freiheit, die den Menschen zugesprochen werden sollte, wird im liberalen Denkmuster auch mit einer wachsenden Selbstverantwortung verknüpft. Deutlich wird das, wenn man die ökonomische Seite des Liberalismus betrachtet. Deren Galionsfigur war Adam Smith (1723–1790), einer der bedeutendsten Wirtschaftstheoretiker weltweit. Er ging davon aus, dass das allgemeine gesellschaftliche Glück nur dann optimal maximiert würde, wenn jedes Individuum im Rahmen seiner ethischen Gefühle anstrebt, sein persönliches Glück zu erhöhen. Aus ökonomischer Sicht bedeutete dies: Wenn alle Akteure versuchen, ihren eigenen Nutzen zu maximieren, dann führt dies für die Gesellschaft zwangsläufig zu einem optimalen Ergebnis.

Unter liberaler Politik heutzutage versteht man eine Abkehr von zu viel staatlichen Eingriffen; mehr Eigenverantwortung soll das Denken und Handeln der Menschen bestimmen und die Steuerbelastungen sollen reduziert werden, um den Akteuren entsprechenden Spielraum einzuräumen. Leistung soll sich lohnen, und der Staat soll so weit wie möglich von Umverteilungen Abstand nehmen.

»Mein Herr, ich teile Ihre Meinung nicht, aber ich würde mein Leben dafür einsetzen, dass Sie sie äußern dürfen.«
Voltaire (1694–1778), französischer Schriftsteller

Konservatismus

Der frühe Konservatismus hat seine Wurzeln in der mittelalterlichen und christlichen Gesellschaft, die als natürliche Ordnung betrachtet wurde. Schon wird klar, dass der Konservatismus damals als Gegenströmung zum Liberalismus auftrat. Heute hingehen steht man sich weit über die deutschen Grenzen hinaus politisch so nahe, dass man, wenn es für einen allein nicht reicht, gern zusammen regiert. Aber als der Liberalismus aufkam, stand man sich noch spinnefeind gegenüber. Denn auf einmal kam etwas in Bewegung, was aus Sicht der Konservativen keinerlei Bewegung bedurfte. Es galt also, liberale Veränderungen zu verhindern und die Bewahrung des Bestehenden anzustreben. Reformen wurden abgelehnt und dafür bewährte Traditionen hervorgehoben. Hauptaufgabe des Konservatismus ist es, die Gegenwart als logische Konsequenz der Vergangenheit zu betrachten. Gegenwärtige Generationen müssen sich der Verantwortung, die

»Die Konservativen sind die Pausenzeichen der Geschichte.«
Norman Mailer (1923-2007), amerikanischer Schriftsteller

man aus der Vergangenheit in Form eines geistigen und materiellen Erbes übertragen bekommen hat, würdig erweisen.

Den Konservatismus der Gegenwart kann man am besten an einem seiner extremsten Beispiele verstehen: dem Neokonservatismus in den USA. Dort stehen Begriffe wie Religion, Werte, Familie, Staat, Ordnung, Anstand und Heimat über allem. Für keine andere politische Strömung ist das Vorhandensein eines Feindbildes so wichtig, denn man kann etwas am besten bewahren, wenn man es gegen Bedrohungen beschützt. Jahrzehntelang lieferte der Kommunismus als exakter politischer Gegenentwurf mit entsprechendem Gefährdungspotenzial die perfekte Zielscheibe. Aber der Zusammenbruch des Ostblocks hatte zwei gravierende Folgen auf die »Neo-Cons«: Zum einen musste ein neues Feindbild her, und zum anderen glaubt man nun endgültig, von Gott berufen zu sein, um die unfreie Welt zu befreien – der Islam als neues Feindbild verbindet diese beiden Triebfedern der Politik.

Konservative legen großen Wert auf die freie Wirtschaft und sind in diesem Punkt mit den Liberalen weitgehend einer Meinung. Sie haben Angst vor dem Fremden, Angst vor Ausländern und vor Minderheiten, die sie nicht kontrollieren können. Daraus leiten Hardliner das Recht ab, vor diesen Bedrohungen zu warnen und sich auch aggressiv dagegen zur Wehr zu setzen.

»Ein Liberaler ist jemand, der sagt, es sei in Ordnung, wenn ein 18-jähriges Mädchen in einem Pornofilm mitwirkt, solange es den Mindestlohn erhalte.«
Irving Kristol, ultra-rechter Vordenker in den Vereinigten Staaten, macht klar, was die US-Konservativen von Liberalismus halten.

Sozialismus

Der Sozialismus baut nach eigenen Angaben auf Gleichheit, Gerechtigkeit und Solidarität. Kaum eine politische Richtung ist so sehr ökonomisch ausgerichtet, immer steht die gerechte Verteilung der Güter im Vordergrund. Der Sozialismus geht davon aus, dass die Kapitaleigner nicht in der Lage sind, zum Wohle des Volkes zu handeln, sondern dass sie lediglich ihr eigenes Interesse im Auge behalten. Was ja auch stimmt, wenn wir auf Adam Smith zurückblicken. Daher geht es den Sozialisten immer darum, die beherrschenden konservativen, aber auch liberalen Herrschaftsstrukturen zu durchbrechen und, ganz im Sinne der arbeitenden Bevölkerung, für eine ihrer Meinung nach gerechtere Umverteilung zu sorgen.

Rote Gefahr oder allein selig machende Erlösung der Menschheit? Die Weltgeschichte wartet noch immer auf den Beweis, dass der Sozialismus in Reinkultur wirklich funktioniert, wenn auch kaum jemand mehr wirklich an diesbezüglichen Experimenten interessiert ist.

Allerdings ist es so, dass der Sozialismus in seiner reinen, ursprünglichen Form mit den Prinzipien einer freiheitlich-demokratischen Grundordnung nicht oder nur schwer zu vereinbaren ist. Deswegen hat sich auch schon vor über 100 Jahren eine gemäßigte Variante gebildet: die Sozialdemokratie. Hier werden die wesentlichen Grundzüge des Sozialismus mit den wichtigsten Elementen der freiheitlichen Demokratie kombiniert. Und das daraus abgeleitete und mittlerweile von allen großen Parteien weitgehend anerkannte Wirtschaftssystem nennt man soziale Marktwirtschaft: Elemente der freien, also rein kapitalistischen Marktwirtschaft werden mit einem relativ umfassenden sozialen Schutz kombiniert, der den Sozialisten nicht groß genug sein kann, Konservative und Liberale hätten ihn limitiert – einer der elementaren Streitpunkte zwischen den Lagern.

Karl Marx, Philosoph und politischer Journalist, gilt als wichtigster Theoretiker des Kommunismus. Seine Veröffentlichungen beeinflussten die Arbeiterbewegung des 19. und 20. Jahrhunderts weltweit.

Gemeinsam mit seinem engen Freund und Mitstreiter Friedrich Engels (1820–1895) versuchte er, die bis dahin vage und nur utopisch umrissene Theorie des Sozialismus auf eine wissenschaftlich fundierte Basis zu stellen. Sein Ziel war nichts weniger als die vollständige Abschaffung der etablierten Gesellschaftsstrukturen durch die Herbeiführung neuer, in denen durch eine Revolution des Proletariats eine klassenlose Gesellschaft hergestellt werden sollte. Als unverzichtbare Voraussetzung liegt dieser die Abschaffung des Privateigentums an Produktionsmitteln zugrunde, was also faktisch einer Enteignung der besitzenden Klasse zur Folge gehabt hätte. Kein Wunder, dass in den etablierten Strukturen des 19. Jahrhunderts die Lehren von Karl Marx auf keine große Gegenliebe stießen.

Ausschlaggebendes Moment für seine Ideen und für seine Arbeit war die zunehmende Verelendung der Arbeiter im Zuge der fortschreitenden industriellen Revolution. Beginnend in England durch die Mechanisierung in der Textilindustrie und die Erfindung der Dampfmaschine breitete sich die Lohnarbeit über ganz Europa aus. Da für die einfachen Tätigkeiten nur geringe Qualifikationen erforderlich waren, wurden auch Frauen und Kinder in der Industriearbeit eingesetzt. Die brutale Ausbeutung führte zu menschenunwürdigen Lebens- und Arbeitsbedingungen, und so wurde es zu Marx' Lebensaufgabe, diese Umstände anzuprangern und einen internationalen Kampf für mehr Rechte und bessere Lebensbedingungen der Arbeiter auszurufen.

In Form des Stalinismus beziehungsweise Maoismus wurden die Theorien von Karl Marx realisiert; die Frage, wie er diese Systeme eingeschätzt hätte, ist bis heute Bestandteil der historisch-politischen Diskussion.

Karl Marx (1818–1883)

Wahlen

In Deutschland besteht für den durchschnittlichen Bürger die wesentlichste Möglichkeit zur Einflussnahme auf die politische Gestaltung des Landes in der Teilnahme an den Wahlen. Insgesamt vier gilt es zu unterscheiden: Die wichtigste ist die Bundestagswahl, es folgt die Wahl der Länderparlamente, die Wahl über die Zusammensetzung der kommunalen Entscheidungsebene, und schließlich werden die Abgeordneten gewählt, die in das Europa-Parlament entsendet werden.

Die Prinzipien der Wahlen nach demokratischem Muster lauten: Sie sollen frei, geheim und die Entscheidungen zeitlich limitiert sein. Allen teilnehmenden Parteien soll Chancengleichheit geboten werden, und es soll ein offener und fairer Wettbewerb stattfinden. Darüber hinaus gilt es noch, das aktive und passive Wahlrecht zu unterscheiden: Den Bürgern eines Landes wird nicht nur prinzipiell das Recht zur Wahl eines Vertreters eingeräumt, sondern auch das Recht, sich selbst für politische Ämter zur Verfügung zu stellen.

Demokratische Wahlen in einem parlamentarischen System funktionieren so: In einem meist regional eingeschränkten Gebiet stellen sich unterschiedliche Kandidaten zur Wahl, und wer die meisten Stimmen erhält, wird als Abgeordneter in das zu bildende Parlament entsendet. In Deutschland und einigen anderen Ländern der Welt gibt es allerdings eine Erweiterung dieses Systems, Kritiker würden es als Aushöhlung bezeichnen. Denn bei der Bundestagswahl werden nicht nur die Abgeordneten, sondern auch die sogenannte Landesliste gewählt. Dies bedeutet: Mit der einen Stimme, der sogenannten Erststimme, kann sich jeder Wähler einen in seinem Wahlkreis antretenden Direktkandidaten aussuchen. Allerdings ist nicht immer gewährleistet, dass die Spitzenpolitiker tatsächlich auch in ihrem Wahlkreis gewinnen. Denn denjenigen, die sich um die ganz große Politik kümmern und dort in der ersten Reihe mitmischen, wird oft unterstellt, dass sie sich aus Zeitmangel nicht in ausreichendem Maße für die Belange ihres Wahlkreises einsetzen können oder wollen. Deswegen ist es denkbar und kommt auch regelmäßig vor, dass wichtige Spitzenpolitiker in ihrem Wahlkreis nicht gewinnen. Damit sie aber trotzdem am parlamentarischen Geschäft in der Hauptstadt teilnehmen können, hat man sich bei uns die sogenannte Zweitstimme ausgedacht, mit der der Wähler sich für die Landesliste einer Partei entscheidet, auf der die wichtigsten Politiker notiert sind. Wenn ein gedachtes Bundesland in 100 Wahlkreise aufgeteilt wäre, so würden dafür im Parlament in Berlin 200 Sitze reserviert. 100 davon würden unmittelbar an die Kandidaten vergeben, die über die Erststimme das Direktmandat erzielt haben. Die weiteren 100 gehen an die über die Landesliste gewählten Politiker. Wenn also eine Partei 30% der Zweitstimmen in dem besagten Bundesland gewinnt, so kann sie insgesamt 30 Personen über diese Landesliste in das Parlament entsenden – zusätzlich zu den direkt im Wahlkreis gewählten. Die vorderen Listenplätze sind also ein Garant für die Entsendung ins Parlament.

Der öffentliche Diskurs

Das edelste Ziel, aber auch der größte Hemmschuh der Demokratie ist es, es möglichst Vielen recht machen zu wollen. Dies ist tendenziell ein löbliches Ansinnen, auch wenn die Motivation der Verantwortlichen nur zu oft darauf basiert, möglichst wenig Wählerschaft zu verärgern. Wenn also ein Problem gefunden und für behandlungswürdig erachtet wurde, fangen

»Politik besteht nicht selten darin, einen simplen Tatbestand so zu komplizieren, dass alle nach einem neuen Vereinfacher rufen.«

Giovanni Guareschi (1908–1968), italienischer Schriftsteller

die eigentlichen Probleme erst an. Denn dann wird ein Prozess in Gang gesetzt, der gemeinhin öffentlicher Diskurs genannt wird. Ein verantwortlicher Politiker macht sich also daran, für ein relevantes Problem eine Lösung zu finden. Die Vielzahl unterschiedlicher Interessen kompliziert dieses Unterfangen erheblich. Denn sobald eine Lösung präsentiert wird, werden unmittelbar die Stimmen derjenigen laut, die mit dieser Lösung nicht einverstanden sind. Zu Wort melden können sich die Vertreter unterschiedlicher betroffener Parteien, von Verbänden, Vereinen oder sonstigen Interessensvereinigungen. In der Regel findet auch in der eigenen Partei ein Konkurrenzkampf statt, sodass mit Kontroversen aus diesem Lager ebenfalls zu rechnen ist. Unterschiedliche Bundesländer haben unterschiedliche Regierungen und auch unterschiedliche Ansprüche, die es ebenfalls zu berücksichtigen gilt. Unternehmen schicken ihre Interessenvertreter los, um in ihrem Sinne Einfluss auf die Entscheidung zu nehmen. Und schließlich melden sich die Medien zu Wort und interpretieren, bewerten und kritisieren je nach politischer Ausrichtung der Redaktion die Vorhaben in ihrem Sinne. Dieses führt dazu, dass Gesetzesvorlagen häufig eine lange Zeit diskutiert und in unterschiedlichen Lesungen in unterschiedlichen Gremien behandelt, überarbeitet und geändert werden.

Die Einführung des Rauchverbots in deutschen Gaststätten ist ein Paradebeispiel dafür, wie die mehr oder weniger berechtigte Berücksichti-

Hier sitzt die Meinungsmacht, hier wird das gedruckt, was am Montag alle anderen abschreiben – das Spiegel-Hochhaus an der Brandstwiete in Hamburg. Oft zynisch, manchmal nihilistisch, aber immer unglaublich mächtig: Der Spiegel ist unbestritten das Leitmedium der Nation.

gung unterschiedlicher Gruppen zu einer fast ins Absurde abgleitenden Umsetzung der beschlossenen Richtlinien führt. Zahlreiche Sonderfälle und Ausnahmeregelungen machen das ganze System in kritischen Augen zu einer Lachnummer, während diejenigen, die von diesen Ausnahmeregelungen profitieren, auf der glücklichen Seite sind. Ein Blick auf andere Länder zeigt, dass dieses Problem auch ganz einfach gelöst werden kann: In öffentlichen Gaststätten wird nicht geraucht. Punkt.

Es stellt sich die Frage, ob die ausführliche Berücksichtigung von Einzelinteressen erstrebenswert ist und ein Indiz für ein besonders leistungsfähiges politisches System darstellt, oder ob nicht das Bestreben, es möglichst Vielen recht machen zu wollen, die Politik unglaubwürdig macht und für eine totale Zerfaserung von Macht sorgt.

Steuern

Das Steuersystem ist keine neue Erfindung, vielmehr gab es diese Art der Staatsfinanzierung bereits viele Jahrtausende vor Christi Geburt.

Damit der Staat seine Ausgaben finanzieren kann, benötigt er Einnahmen, und die mit Abstand wichtigste Quelle sind die Steuern. Großer Unterschied zu den anderen Einnahmearten wie Gebühren oder Beiträgen: Aus den Steuern erwachsen dem, der sie zahlt, keine direkten Ansprüche auf Gegenleistung. Man unterscheidet grob in die direkten Steuern, die unmittelbar an das Finanzamt abgeführt werden (z. B. Lohn-, Kfz-, Hundesteuer) und die indirekten (wie Mehrwert-, Bier- oder Versicherungssteuer), die in den Preisen schon drinstecken. Großes Problem: Steuern werden nicht nur als Einnahme erhoben, sondern auch als politisches Steuerungselement: Vom Staat Gewünschtes wird begünstigt und Unerwünschtes belastet. Dieses Zusammenspiel aus Regeln und Ausnahmen macht das ganze System unendlich kompliziert.

Der Zusammenhang zwischen Politik und Geschichte

Wo hört Geschichte auf, wo fängt Politik an? Die Frage ist nicht leicht zu beantworten. Geht man nach den Lehrplänen an deutschen Schulen, könnte man ganz grob mit der Unterzeichnung des Grundgesetzes am 23.5.1949 einen dicken Strich ziehen: Alles, was davor passiert ist, ist Geschichte, und alles, was danach geschehen ist, wird im Fach Politik behandelt. Doch so praktisch eine solche Unterscheidung ist, so ungenau ist sie auch, da die heutige innen- wie außenpolitische Situation beileibe kein statischer Zustand ist. So wie Gesetze und Abkommen ständig aufgrund sich ändernder Rahmenbedingungen angepasst werden müssen, so wirken auch historische Entwicklungen, die teilweise viele Jahrhunderte zurückliegen, noch heute stark auf unser politisches System ein. Und das meint nicht nur die Beziehung unterschiedlicher Völker zueinander, sondern vielmehr ist auch die Regulierung gegen Fehlentwicklungen der Geschichte noch immer existenzieller Bestandteil des politischen Tagesgeschäfts.

Die Situation, in der wir heute leben, ist eine Konsequenz aus zahllosen historischen Vorfällen und Entwicklungen, die zum einen vollkommen zufällig und nach den Regeln der Chaostheorie entstanden sind. Andere Prozesse hingegen hinterlassen in der Rückschau den Eindruck, dass sie quasi zwangsläufig passieren mussten und es nur eine Frage der Zeit war, bis selbige dafür reif wurde. Es ist daher sinnvoll, die wichtigsten historischen Perioden daraufhin zu untersuchen, wie sie die Welt veränderten und welcher Einfluss bis in die heutige Zeit zu spüren ist.

> »Die Geschichte lehrt, dass sich Menschen und Nationen erst dann klug verhalten, wenn alle anderen Möglichkeiten erschöpft sind.«
>
> *Abba Eban (1915–2002), israelischer Politiker*

»Die Zeit vor der Zeit«

Zeittafel

3500 v. Chr.	Erfindung der Keilschrift
3000 v. Chr.	Erstmalige Einführung des Königtums im Nahen Osten
2800 v. Chr.	Die Ur-Stadt: Alt-Ur hat 34.000 Einwohner
2700 v. Chr.	Gilgamesch lässt sich im gleichnamigen Epos verewigen.
2600 v. Chr.	Pyramidenbau in Ägypten
2500 v. Chr.	Minoische Hochkultur auf Kreta
2200 v. Chr.	Hochkultur in China
1686 v. Chr.	Hammurabi stellt seine Gesetzessammlung auf.
1300 v. Chr.	Troja wird durch Erdbeben völlig zerstört.

Soweit es heute nachvollziehbar ist, lebten die Menschen zu Beginn ihrer Entwicklungsgeschichte in Horden, und wahrscheinlich war es damals schon so, dass einer von ihnen mehr Verantwortung übernahm als die anderen. Mit Macht- und Herrschaftsstrukturen, wie wir sie heute kennen, hatte das allerdings nichts zu tun. Diese entstanden erst, als der Mensch sesshaft wurde. Je mehr Menschen auf engem Raum zusammenlebten, umso wichtiger wurden Regeln, die dieses Miteinander gestalteten. Und wenn diese Regeln nicht ausreichten, um Probleme zu verhindern, dann mussten neue her, um diese Konflikte zu lösen.

Ungefähr 3000 v. Chr. fand dann bereits eine der wesentlichsten Veränderungen der Weltgeschichte statt: Das Königtum wurde erfunden. Dies bedeutete nicht nur, dass einer aus der Masse herausgehoben wurde und mit weitreichenden Kompetenzen ausgestattet wurde. Vielmehr fand damals schon eine Verknüpfung mit religiösen Aspekten statt: Der König war nicht nur Regent, sondern in vielen Fällen, beispielsweise im alten Ägypten, auch gleichzeitig höchster Repräsentant der Religion und oft sogar gottgleiches Wesen. Das machte das Regieren logischerweise wesentlich einfacher. Für uns, die wir mittlerweile auf einige Jahrtausende regierender Monarchen zurückblicken, scheint diese Entwicklung selbstverständlich zu sein. Tatsächlich aber waren auch damals schon andere, demokratischere, gerechtere oder auch ausgewogenere Regierungssysteme denkbar. Es ist also eher erstaunlich, wenn nicht sogar verwunderlich, dass diese doch sehr autoritäre Regierungsform sich so lange halten konnte.

Könige residierten schon damals in Städten, von denen aus sie dann sukzessive die Vergrößerung ihres Einflussbereichs anstrebten. Eine der ersten Städte in der Weltgeschichte, da sind sich die Historiker einig, ist das sumerische Ur, genau genommen Alt-Ur, in Südmesopotamien, das bereits im Jahr 2800 v. Chr. auf die stolze Zahl von zirka 35.000 Einwohnern kam.

Dieses Sesshaftwerden so vieler Menschen bezeichnet man gemeinhin als Zivilisation, die sich durch folgende Merkmale auszeichnet:

Es kommt immer mehr zur arbeitsteiligen Wirtschaft; die ehemals sich selbst versorgenden Alleskönner spezialisierten sich auf bestimmte Tätigkeiten.

Durch diese arbeitsteilige Wirtschaft und das Herausbilden von Expertenwissen konnten wichtige technisch-mechanische Verbesserungen eingeführt werden, da die Fachleute nun die Zeit hatten, sich vollständig auf einen Bereich des Wirtschaftslebens zu konzentrieren.

Das führte in logischer Konsequenz zu einem gewissen materiellen Wohlstand und auch einer gewissen Absicherung.

Für diese materielle Absicherung mussten aber die Bürger auch einen Preis zahlen: Es wurde ihnen nämlich die Unterordnung unter die Gemeinschaft und somit ein Verzicht auf die persönliche Freiheit in bestimmten Bereichen abverlangt.

Und je größer dieser Wohlstand einer Gemeinschaft war, umso wahrscheinlicher war es, dass Zeit, Raum und Kapital für gemeinsame Großprojekte zur Verfügung gestellt wurden.

Die wichtigste Voraussetzung für die Einführung funktionierender politischer Strukturen war die Schrift. Denn nur durch die Aufzeichnung von Fakten war es möglich, unmissverständliche Anweisungen zu erteilen, Regeln festzuschreiben und eine funktionierende Verwaltung zu gewährleisten. Denn wenn jemand beispielsweise dazu verpflichtet war, seinen Beitrag für die Teilhabe an den gemeinschaftlich erbrachten Strukturen in Form von Steuern zu entrichten, dann musste natürlich auch niedergeschrieben werden, ob und in welchem Umfang diese Leistung erbracht wurde.

Nach Einführung der Monarchie und einer funktionierenden Verwaltung wurde eine gestaffelte Abhängigkeit der unterschiedlichen Bürgergruppen vom Herrscher eingeführt. Denn allein kann niemand ein größeres Reich regieren, der Herrscher muss seine Macht mit anderen teilen, um diese auch durchsetzen zu können. Das führte schon früh, beispielsweise im alten Ägypten, zu der Herausbildung adelsähnlicher Strukturen. Je besser eine Zivilisation strukturiert war, umso erfolgreicher war sie.

Der Erfolg von Macht in vorchristlichen Reichen hatte zwei Seiten. Auf der einen, hellen und angenehmen hatte man genügend Ressourcen, um sich der Wissenschaft, der Kunst und auch der Architektur zu widmen, um die Welt ein bisschen schöner und schlauer zu machen. Auf der anderen, dunklen und bedrohlichen Seite wurde man gierig und wollte immer mehr – mehr Land, mehr Macht, mehr Untertanen.

Vor der Erfindung der Keilschrift war keine funktionsfähige Verwaltung möglich. Tontafel mit Angaben über die Anzahl von Ziegen und Schafen. Sumerisch, Fundort: Lagasch (Irak), um 2350 v. Chr.

Marschierende Soldaten auf einem Relief im Tempel von Luxor

Daher begann man, militärische Strukturen einzuführen. Wahrscheinlich war der Wunsch, sich gegen unfreundliche Nachbarn abzusichern, auch hier das Hauptargument, entsprechende bewaffnete Experten einzusetzen. War jedoch das voll funktionsfähige Militärwesen erst einmal eingerichtet, nahm man auch damals schon das Heft selbst in die Hand und zog gegen andere Herrschaftsstrukturen ins Feld. Von den siegreichen Helden dieser Schlachten künden noch heute die Chroniken und Geschichtsbücher. Der Grund dafür ist einfach: Die Unterlegenen, seien sie friedlicher oder nur schwächer gewesen, wurden überrannt und im wörtlichen Sinne von der Landkarte getilgt. Sie spielten somit für den Verlauf der Geschichte keine Rolle mehr.

All das fand im dritten vorchristlichen Jahrtausend seine Wurzeln, und wer genau hinschaut, erkennt, dass all die geschilderten Mechanismen sich über die letzten Jahrtausende kaum verändert haben. Denn der Gedanke, dass nur militärische Erfolge einem Herrscher einen Platz in den Geschichtsbüchern sichern, ist auch heute noch nicht aus den Köpfen der Mächtigen verschwunden. In den USA beispielsweise ist Jimmy Carter der einzige US-Präsident seit den 1930er-Jahren, der in seiner Amtszeit auf keine kriegerische Auseinandersetzung mit einem anderen souveränen Staat zurückblicken kann.

Die ersten Hochkulturen dieser Welt bildeten sich in der unmittelbaren Nähe großer nahöstlicher Ströme, die durch regelmäßige Überschwemmungen fruchtbaren Schlamm auf die Felder spülten und es dadurch ermöglichten, eine große Zahl von Menschen auf engem Raum zu ernähren. So wird gern das Zweistromland Mesopotamien (zwischen Euphrat und Tigris, also dort, wo heute der Irak liegt) als Ursprung der Zivilisation beschrieben. Von dort stammt auch die erste vollständig überlieferte Gesetzessammlung, die der deswegen auch heute noch berühmte König Hammurabi im zweiten vorchristlichen Jahrtausend erließ. Ebenso zählen dazu die Reiche der Pharaonen im alten Ägypten. Aber auch auf anderen Kontinenten sind in vorchristlicher Zeit ausgereifte Zivilisationen entstanden, so z. B. im Indusgebiet, in Südamerika und im alten China.

Im Jahre 814 v. Chr. gründeten phönizische Kaufleute in Nord-Afrika auf dem Gebiet des heutigen Staates Tunesien eine Stadt mit Namen Karthago, aus deren endgültigem Niedergang später eines der mächtigsten Reiche der Weltgeschichte hervorging. Doch zuvor erhob eine andere Macht ihr Haupt: das antike Griechenland.

Die Stele, auf der die Gesetze des Hammurabi von Babylon verewigt sind, ist im Louvre in Paris zu besichtigen.

Das antike Griechenland

Zeittafel

700 v. Chr.	Sparta gibt sich eine Verfassung.
600 v. Chr.	Der Dionysos-Kult etabliert sich.
594 v. Chr.	Erste demokratische Gehversuche: Solon regiert durch eine Volksversammlung und einen Rat der Vierhundert.
550 v. Chr.	Persien wird unter Kyros zur Weltmacht.
490–479 v. Chr.	Athen besiegt Perserkönig Darius in der Schlacht von Marathon.
um 488 v. Chr.	Das Scherbengericht verjagt unliebsame Zeitgenossen aus Athen.
348 v. Chr.	Platon stirbt.
333 v. Chr.	Alexander der Große erzielt einen triumphalen Sieg bei Issos und begründet ein Weltreich.
322 v. Chr.	Aristoteles stirbt.
146 v. Chr.	Das antike Griechenland wird dem Römischen Reich einverleibt.

Aus geistesgeschichtlicher Sicht scheint es, dass es keine Epoche in der Weltgeschichte gab, die so reich an Veränderungen, an Weisheit und an der neu ent-

Nach der Einnahme Athens und der Zerstörung der Akropolis durch die Perser 480 v. Chr. ließ Perikles den Burgberg u. a. durch Phidas neu gestalten.

deckten Schöngeistigkeit war wie die Hochkultur der alten Griechen.

Doch auch die Hellenen waren ein kriegerisches Volk und unterwarfen, was ihnen gerade vor die Speere kam. Man war sich auch untereinander nicht grün, denn das antike Griechenland als Staatsform existierte nicht. Vielmehr handelte es sich dabei um eine lose Ansammlung von selbstständigen Stadtstaaten, die sich untereinander dauerhaft bekriegten. Bedroht wurden sie vom persischen Großreich, das die Griechen zusehends in die Enge trieb. Aber die Geschichte meinte es gut mit ihnen, und im Jahre 490 v. Chr. besiegte Athen den Perserkönig Darius I. (549–486 v. Chr.) bei Marathon.

Danach ging es Griechenland so gut, dass es sich offenbar einige Freiheiten leisten konnte. Die alten Griechen gelten zu Recht als Erfinder der Demokratie. Bereits 600 v. Chr. gab es unter der Herrschaft von Solon (ca. 640–ca. 560 v. Chr.) die ersten demokratischen Gehversuche. So wurde damals schon eine Volksversammlung einberufen, und auch die Gerichtsbarkeit wurde auf einen Rat übertragen, der sich aus den Bürgern des Reichs zusammensetzte.

Als der eigentliche Vater der Demokratie gilt hingegen der athenische Staatsmann Perikles (um 490–429

v. Chr.), unter dem die attische Demokratie zur vollen Blüte kam. In regelmäßigen Abständen wurde die Volksversammlung einberufen, und dort hatte jeder Athener nicht nur das Recht, mit abzustimmen, sondern es war ihm auch gestattet, sich dort zu Wort zu melden. Die Tagesordnung dieser Versammlung wurde von einem Rat der Fünfhundert festgelegt, und die Richter, die über Streitigkeiten zu befinden hatten, wurden per Zufallsverfahren aus dem Volk ausgewählt.

Gegen unliebsame Bürger wusste man sich auf eine ganz besondere Art und Weise zur Wehr zu setzen: Es wurde ein sogenanntes Scherbengericht durchgeführt. Jeder Bürger konnte so eine Person bestimmen, die er auf die Dauer von zehn Jahren der Stadt verwiesen sehen wollte, und wer am meisten Stimmen bekam, musste gehen. Auch wenn sich die Historiker nicht ganz einig sind, scheint es so zu sein, dass sich die Athener auf diesem Wege auch solcher Personen entledigten, die die Demokratie gefährdeten und zu sehr nach alleiniger Macht strebten.

Originalscherben mit entsprechender Aufschrift. Von einem der genannten, Themistokles, weiß man, dass er tatsächlich verbannt wurde.

Die athenische Demokratie war sogar so stabil, dass sie es schaffte, im Schatten des mazedonischen Königs Philipp II. (um 382–336 v. Chr.) und seines militärisch ziemlich erfolgreichen Sohnes Alexander dem Großen (356–323 v. Chr.) weiter zu existieren.

Letzterer schaffte es, in nur gut einem Jahrzehnt eines der größten Weltreiche aller Zeiten aufzubauen, doch erst einem seiner Nachfolger gelang es, die athenische Demokratie für immer zu vernichten.

Die größte Hinterlassenschaft dieser Epoche sind zweifellos die Gedanken und Werke der drei wichtigen Philosophen Sokrates (469–399 v. Chr.), seines Schülers Platon (428/27–348/47 v. Chr.) und dessen Schülers Aristoteles (384–322 v. Chr.). Unter ihnen hat

Die Theorie der Verfassungen

Aristoteles unterscheidet die möglichen Herrschaftsformen in zwei Kategorien: zum einen nach der Anzahl der Herrschenden und zum anderen danach, zu wessen primärem Nutzen die Herrschaft ausgeübt wird. Die guten Lösungen beinhalten, dass die Herrschenden grundsätzlich im Sinne des Volkes entscheiden und handeln, die schlechten Lösungen hingegen setzen die Interessen der Regierenden in den Vordergrund und nicht das Gemeinwohl.

Von allen nur denkbaren Lösungen hält er die Tyrannis für die schlechteste, denn dort herrscht der Tyrann über sein Volk wie über Sklaven. Als das kleinere Übel beurteilt er die Oligarchie, in der eine Gruppe von Reichen beziehungsweise Adeligen die Herrschaft ausübt. Weniger schlecht als Tyrannis und Oligarchie betrachtet er die Demokratie, ordnet sie aber trotzdem unter die schlechten Lösungen ein. Denn wenn der Volksherrschaft keinerlei Schranken auferlegt sind, befürchtet er eine Herrschaft der (sich in der Mehrheit befindlichen) Armen, die schließlich zwangsläufig in der Enteignung der Besitzenden münden muss.

Als gute Verfassung betrachtet er die Monarchie, wenn vorausgesetzt ist, dass eine Alleinherrschaft ausschließlich an den Bedürfnissen und Interessen des Volkes ausgerichtet ist. Für besser als die Monarchie hält er die Aristokratie, ein Regierungssystem, in dem eine Gruppe von verdienten und tugendhaften Menschen herrscht, die aufgrund dieser Eigenschaften wiederum das Wohl des Volkes als leitende Maxime für ihre Politik definieren.

Die beste aller denkbaren Verfassungen hingegen ist für Aristoteles die Politie, die er als eine einheitliche Verfassung mit den besten Elementen der Demokratie und der Aristokratie verknüpft. Seiner Meinung nach ist das Optimum erreicht, wenn ein Ausgleich zwischen dem Prinzip der Gleichheit und dem Recht auf Besitz gefunden ist.

Diese Klassifizierung ist nun mehr als 2300 Jahre alt, doch scheint es so zu sein, dass bis zum heutigen Tage alle Demokratien der Welt versuchen, genau dieses Optimum zu erreichen.

	Gute Lösung	schlechte Lösung
Ein Herrscher	Monarchie	Tyrannis
Wenige Herrscher	Aristokratie	Oligarchie
Viele Herrscher	Politie	Demokratie

Aristoteles die wichtigsten Gedanken über Regierungsformen und ihre mögliche Ausprägung an die Nachwelt vermacht, die auch heute noch ihre Gültigkeit nicht verloren haben.

Das antike Griechenland hörte im Jahre 146 v. Chr. auf, als selbstständige Einheit zu existieren, als es von einer anderen Supermacht geschluckt wurde: Rom.

Rom

Zeittafel

509 v. Chr.	Der König Lucius Tarquinius Superbus wird gestürzt, Rom wird Republik.
387 v. Chr.	Eine militärische Niederlage gegen die Kelten macht eine Neuordnung des Militärs nötig.
264–241 v. Chr.	Erster Punischer Krieg gegen Karthago: Rom gewinnt u. a. Sizilien.
216 v. Chr.	Der karthagische Feldherr Hannibal überquert die Alpen und bringt Rom in arge Bedrängnis.
211/210 v. Chr.	Sieg Roms im Zweiten Punischen Krieg
149 v. Chr.	Dritter Punischer Krieg: Rom schlägt Karthago vernichtend, macht die Stadt dem Erdboden gleich und wird zur alleinigen Großmacht.
91–89 v. Chr.	In Rom bricht ein Bürgerkrieg aus.
60 v. Chr.	Rom wird vom Triumvirat Pompeius, Caesar und Crassus regiert.
58–51 v. Chr.	Julius Caesar erobert Gallien.
49 v. Chr.	Bürgerkrieg Julius Caesars gegen Restrom; nach dem Sieg ernennt sich Caesar zum Alleinherrscher.
44 v. Chr.	Caesar wird ermordet, ein neues Triumvirat kommt an die Macht.
27 v. Chr.	Nach über 500 Jahren geht die Republik zugrunde, Caesars Großneffe Gaius Octavius wird als Augustus Kaiser.

9 n. Chr.	Die Germanen unter Arminius bringen Rom in der legendären Schlacht im Teutoburger Wald eine empfindliche Niederlage bei.
30	Im Nahen Osten wird ein gewisser Jesus hingerichtet.
117	Das Römische Weltreich gelangt unter Kaiser Trajan zu seiner größten Ausdehnung.
248	Der Limes, der Grenzwall im Osten, wird von der Germanen zerstört, die danach immer häufiger in das Römische Reich eindringen.
306	Konstantin wird zum Kaiser ausgerufen und macht später das Christentum zur Staatsreligion.
337	Konstantin der Große stirbt, nach seinem Tod zerfällt das Römische Reich in einen West- und einen Ostteil.
382–375	Auf der Flucht vor den Hunnen fallen die Germanen ins Römische Reich ein.
476	Rom hält dem Ansturm der Barbaren nicht stand: Der Germanenkönig Odoaker besteigt den römischen Thron.

Der Sage nach wurden Romulus und Remus von einer Wölfin genährt und gründeten im Jahr 753 v. Chr. die Stadt Rom.

Rom hatte in seiner Entstehungsgeschichte vieles mit der Entwicklung in Griechenland gemeinsam. Schon im Jahr 509 v. Chr. wird es zur Republik. Die seit mittlerweile mehreren Jahrtausenden vorherrschende Regierungsform der Monarchie fand hier ein Ende, und das sogar für lange Zeit, genau genommen für ein halbes Jahrtausend. Die Römer legten fest, dass sie nie wieder von einem König beherrscht werden wollten, den man damals als Tyrann empfunden hat.

Fortan wurde eine Verfassung für die nun eingeführte Republik festgelegt. Es herrschte das Prinzip der Ämterteilung. Jedes hohe Amt wurde durch zwei Personen besetzt, die nur gemeinsam Entschlüsse fassen konnten. Oberstes Amt war das der Konsuln. Diese wurden von einer Volksversammlung für ein Jahr gewählt, eine unmittelbar daran anschließende Amtszeit war rechtlich ausgeschlossen. Den beiden Konsuln war die uneingeschränkte Amtsgewalt übertragen, sie wurden jedoch in dem, was sie taten, kontrolliert. Als Kontrollinstanz gab es den Senat, in den man per Ernennung auf Lebenszeit berufen werden konnte. Zu Beginn der Republik war er nur den Patriziern, also der alteingesessenen Oberschicht, ähnlich dem Adel, zugänglich. Später war es aber auch anderen Bürgern möglich, in den Senat einzuziehen. Als weitere, vielleicht sogar noch wichtigere Kontrollinstanz sind die Volkstribunen zu nennen, die, wie der Name schon nahelegt, die Interessen des Volkes gegenüber den Herrschenden wahrnehmen sollten. Die Einführung der Volkstribunen stellt ein wesentliches, wenn auch untypisches demokratisches Element dar, denn diese Volksvertreter verfügten über eine sehr weitreichende Macht. Sie konnten ihr Veto einlegen, besaßen das Recht, die Interessen des Volkes im Senat vorzutragen und galten als sakrosankt; schon ein harmloser körperlicher Angriff gegen sie konnte mit der Todesstrafe belegt werden.

Insgesamt hatten die Römer also vor der Zeitenwende bereits ein ziemlich ausgereiftes, für damalige Verhältnisse überdurchschnittlich gerechtes Regierungssystem ins Leben gerufen, das allerdings, wie auch in modernen Demokratien, die Möglichkeit einräumte, in Krisenzeiten die demokratischen Prinzipien außer Kraft zu setzen und einen Diktator einzusetzen. Diese Einschränkungen waren allerdings zeitlich stark limitiert, und daran hielt man sich auch.

Den Römern stand aber ein erheblicher Umbruch bevor: Ihre Republik, also die demokratischere Variante des Römischen Reichs, war dem Untergang geweiht, und die Jahrhunderte des Kaisertums kündigten sich an. Ein ausschlaggebender Faktor für diese Veränderung war der Konflikt mit der Handelsstadt Karthago. Es ging damals um nichts weniger als die Vorherrschaft im Mittelmeerraum. Da keine der beiden Parteien geneigt war, den Konkurrenten auf der jeweils anderen Seite des Gewässers zu akzeptieren, wurde die Entscheidung auf militärischem Wege herbeigeführt. Es dauerte eine lange Zeit, mehr als 100 Jahre, in denen die drei berühmten Punischen Kriege stattgefunden haben. Am Ende des dritten im Jahre 149 v. Chr. machten die siegreichen Römer Karthago dem Erdboden gleich.

Plötzlich war Rom zur Weltmacht geworden und ging fortan dazu über, seine hegemoniale Vormachtstellung in der Welt weiter auszubauen. Neben Karthago vernichteten die Römer auch das mazedonische Weltreich und vereinnahmten die griechischen Stadtstaaten sowie zahlreiche andere Reiche. Mit jeder Eroberung wurde Rom reicher und mächtiger. Im ersten vorchristlichen Jahrhundert unterwarf Julius Cäsar (100–44 v. Chr.) auch das im Norden gelegene Gallien. Der Erfolg machte ihn zu einem sehr reichen und mächtigen Mann, und als solcher beschloss er, der Republik ein Ende zu machen, indem er einen Bürgerkrieg begann, aus dem er siegreich hervorging. Daraufhin rief er sich selbst zum Alleinherrscher auf Lebenszeit aus, fiel aber kurz danach einem Attentat seiner politischen Gegner zum Opfer.

Doch auch wenn Cäsar beseitigt worden war, die Republik war nicht mehr zu retten. Cäsars Großneffe Gaius Octavius (63 v. Chr.–14 n. Chr.) gelang dreizehn Jahre nach dessen Ermordung das, was seinem Onkel verwehrt blieb: Unter dem Namen Augustus wurde er der erste Kaiser Roms. Der Begriff Kaiser, abgeleitet aus dem Namen Julius Cäsars (aus dem »Cäsar« wurde allmählich der »Kaiser«), taucht damit erstmals in der Geschichte auf.

Mit dem Kaisertum wurde eine Herrschaftsform geschaffen, die noch mächtiger war als die königliche Monarchie. Kaiser konnte nur werden, wer über die eigenen, eigentlichen Landesgrenzen hinaus herrschte. Somit musste es das Ziel eines jeden Königs sein, solange zu expandieren und andere Völker zu unterwerfen, bis man endlich »befördert« wurde.

Den Römern hat die Einführung dieses höchsten Amtes kein Glück gebracht. Über Jahrhunderte wurden sie von grausamen und dekadenten Despoten wie Nero oder Caligula tyrannisiert, die sich teilweise unvorstellbaren Perversionen hingaben. Das Römische Reich ging schließlich unter, weil es, wie schon viele Hegemonien zuvor und auch danach, den Bogen schlicht überspannt hatte. Die Römer mussten sich den Germanen geschlagen geben, die vor den im Osten einfallenden Hunnen flohen.

Aber der Begriff des Kaisers und der mit ihm scheinbar untrennbar verbundene Drang, andere Völker anzugreifen und zu unterwerfen, überlebte knapp 2000 Jahre. Erst nach dem verlorenen Ersten Weltkrieg musste der letzte europäische Kaiser, der deutsche Kaiser Wilhelm II., abdanken.

Der erste Kaiser: Augustus

Das Mittelalter

Zeittafel

632	Der Prophet Mohammed stirbt.
687	Pippin entmachtet die Merowinger.
732	Karl Martell hält die Araber bei Poitiers auf und erfindet das Lehnswesen.
800	Karl der Große wird in Rom zum Kaiser des Heiligen Römischen Reiches gekrönt.
870	Das Fränkische Reich wird in einen Ost- und einen Westteil aufgeteilt.
1054	Im morgenländischen Schisma spaltet sich die Ostkirche von Rom ab.
1066	Wilhelm der Eroberer macht sich die britische Insel untertan.
1077	Heinrich IV. lässt sich in Canossa demütigen und stärkt so das Papsttum.
1099	Der erste Kreuzzug endet mit der blutigen Eroberung Jerusalems.
1122	Das Wormser Konkordat beendet den Investiturstreit.
1136	In St. Denis (Paris) wird die erste gotische Kathedrale gebaut.
1224	Der »Sachsenspiegel« ist die erste niedergeschriebene Gesetzessammlung des Mittelalters.
1232	Ignatius von Loyola gründet die Inquisition.
1291	Mit Akkon fällt die letzte Festung der Kreuzfahrer im Orient.
1295	Marco Polo kehrt von seiner China-Reise zurück.
um 1350	Die Pest hat Europa im Griff, ein Drittel der Bevölkerung fällt ihr zum Opfer.
1356	Kaiser Karl VI. verfügt in der Goldenen Bulle, dass die sieben deutschen Kurfürsten den Kaiser wählen.

1378	Das abendländische Schisma sorgt für Gegenpäpste und stürzt die Kirche ist in eine schweren Krise.
1417	Das Konzil von Konstanz beendet diese Krise; Jan Hus wird auf dem Scheiterhaufen verbrannt.

Es wurde dunkel in Europa: Das finstere Mittelalter kündigte sich an. Auch wenn in Rom in den letzten Jahrhunderten teilweise absurde Herrschaftsstrukturen vorhanden waren, war doch die römische Zivilisation technisch und vor allem auch architektonisch bemerkenswert ausgerüstet: fließendes Wasser über Aquädukte, beheizte Badehäuser, Marmortempel und eine Verwaltungs- und Handelsstruktur, die fast die gesamte damals bekannte Welt umspannte.

Umso unglaublicher, wie der gesamte europäische Kontinent in den Jahrhunderten danach einen intellektuellen und kulturellen Rückschritt absolvierte, wie er dramatischer kaum hätte sein können.

Nach dem Tod Kaiser Konstantins im Jahr 337 teilten seine Söhne das Römische Reich in einen West- und einen Ostteil auf. Das Weströmische Reich befand sich bereits im Niedergang, gemeinhin wird das Jahr 476 als endgültiges Ende gesetzt, als der Germanenkönig Odoaker (um 433–493) an die Macht kommt. Nach einer Reihe unbegabter Herrscherdynastien gelangten im 8. Jahrhundert die Karolinger auf den Thron. Deren Stammvater Karl Martell schlug im Jahre 732 in der Schlacht von Poitiers die aus Spanien anstürmenden Araber zurück und schwang sich so zum Retter der Christenheit auf. Ganz nebenbei führte er eine politische Struktur ein, die das gesamte Mittelalter dominieren sollte: das Lehnswesen. Verdienten Kriegern sprach er Land zu, das diese wiederum in kleineren Einheiten weiter verle(i)hen konnten. Die Empfänger dieser Wohltaten waren durch einen Eid an den Lehnsherrn gebunden – das Adelssystem war geboren.

Die Krönung Karls des Großen zum Kaiser durch Papst Leo III. am Weihnachtstag des Jahres 800, wie man sie sich im 19. Jahrhundert vorstellte.

Sein Enkel, Karl der Große, unterwarf mit enormer Brutalität zahlreiche heidnische Germanenstämme und baute so ein Reich von riesiger Größe auf.

Vor allem seine militärischen Erfolge trugen ihm die Kaiserwürde ein: Im Jahre 800 schloss er eine weitreichende Kooperations- und Schutzvereinbarung mit dem Papst in Rom und wurde von diesem im Gegenzug zum Kaiser des Heiligen Römischen Reichs ernannt. Die Verbindung zwischen weltlicher und kirchlicher Macht war damit amtlich und sollte während des gesamten Mittelalters das zentrale Thema bleiben.

Der militärische Erfolg Karls des Großen basierte auf einer banalen Erfindung: Er führte den Steigbügel ein, der bis dahin unbekannt war. Dadurch hatten seine Reiter einen deutlich festeren Sitz im Sattel, konnten eine starke Panzerung anlegen und hatten beide Hände für den Kampf frei.

Nach Karls Tod teilten seine Söhne, wie schon die Nachkommen Konstantins, das Reich unter sich auf. Der eine bekam den westlichen Teil, ganz grob das heutige Frankreich, der andere die östliche Hälfte, ungefähr das heutige Deutschland, zugesprochen. Die beiden Brüder distanzierten sich immer mehr voneinander und legten so die Saat für eine Dauerfehde beider Reiche, die erst von Adenauer und de Gaulle in den 1950er-Jahren beendet wurde.

Das Hochmittelalter war geprägt von einer immer mächtiger werdenden Kirche und von ständigen Auseinandersetzungen mit dem Islam, die in den Kreuzzügen ihren blutigen Höhepunkt fanden.

In politischer Hinsicht etablierte sich die Drei-Stände-Ordnung: Man unterschied den Klerus, den Adel und das freie Bürger- und Bauerntum. Leibeigene, das Gesinde, das fahrende Volk und die Bettler gehörten keinem Stand an und waren damit weitgehend rechtlos. Diese Ordnung war allgemein als gottgewollt anerkannt und deswegen unauflösbar. Wer in einen (oder eben auch keinen) Stand hineingeboren wurde, blieb dort sein Leben lang, und das galt auch für seine Nachkommen.

Die wichtigste, weil zentrale und beständigste Macht dieser Zeit war die Kirche, an deren Spitze der Papst stand. Und diese Einrichtung ging nun wirklich nicht zimperlich mit ihren Kritikern um: Wer den Regeln nicht folgte, wurde aufs Brutalste verfolgt, Folter und Hinrichtungen waren an der Tagesordnung.

Und spätestens, als sich mit der Ketzer- und Hexenverfolgung die Inquisition zur zentralen »Ordnungsmacht« aufschwang, war sie perfekt, die Kirchendiktatur. Jeder konnte jeden der Hexerei bezichtigen, und wer einmal zwischen die paranoiden und perversen Mühlsteine dieses Systems geriet, war meist hoffnungslos verloren.

Aus der politischen Perspektive war das Mittelalter von einem Dauerstreit zwischen erstem und zweitem

Die soziale Struktur im Mittelalter

Soziale Struktur innerhalb des Bürgertums

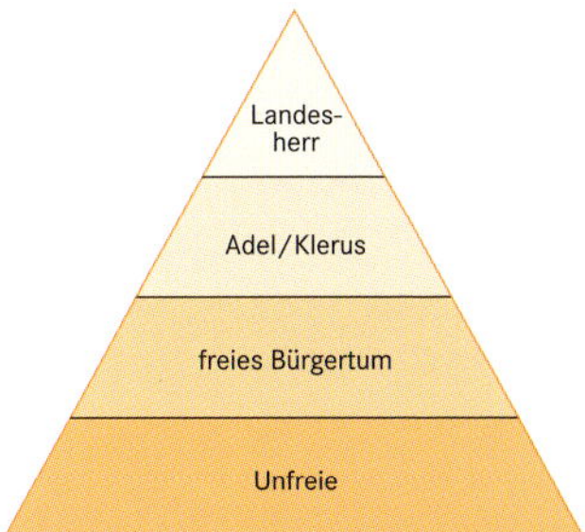

Soziale Struktur der mittelalterlichen Stadt

Spektakulärer Höhepunkt der mittelalterlichen Gottesverehrung: Der Bau der Kathedralen, hier das Minster von York.

Stand geprägt: Wer war mächtiger, die kirchlichen oder die weltlichen Herrscher? Ihren Höhepunkt fand diese Auseinandersetzung im sogenannten Investiturstreit, der sich um die Frage drehte, wer hohe Kirchenämter besetzen darf: Papst oder König? Traurige Hauptfigur wurde Heinrich IV., der wegen seiner kirchlichen Personalpolitik die Unbill des Papstes auf sich lud. Da sich der König der Allmacht der Kirche nicht beugen wollte, sprach der Papst gegen ihn den Kirchenbann aus. Da dies das Ende seiner Herrschaft bedeutet hätte, machte sich der König auf den so sprichwörtlichen wie beschwerlichen Gang nach Canossa, um dort die Gnade des Papstes zu erflehen. Der ließ ihn drei Tage im Büßergewand vor der norditalienischen Burg Canossa frieren (es war Januar) und hob dann den Bann auf. Diese Demütigung wirkte auch auf andere Herrscher; die Kirche hatte gesiegt und war fortan die zentrale Machtinstanz in Europa.

Aber auf dem Gebiet der heutigen Bundesrepublik Deutschland wurde die Rolle der Kirche bei der Besetzung des weltlichen Spitzenamtes eingeschränkt. Denn im Jahr 1356 verfügte Kaiser Karl VI. in der »Goldenen Bulle«, dass fortan der Kaiser von den sieben Kurfürsten des Reichs gewählt werden sollte. Das war eine Entscheidung von enormer Tragweite für die europäische Geschichte, die noch bis in unsere Zeit das politische Tagesgeschäft prägt. Denn durch diese Verfügung wurde die Rolle der sieben Kurfürsten derart gestärkt, dass eine politische Einigung des Reichs über 1000 Jahre nicht stattfand. Dafür war Deutschland ein stark dezentralisiertes Land stark autonomer Regionen, ein Umstand, der bis heute in der Machtteilung zwischen dem Bund und den sechzehn Ländern wiederzufinden ist.

Das Spätmittelalter und die Renaissance

Zeittafel

1434	Cosimo de' Medici wird Herrscher in Florenz.
1445	Gutenberg erfindet den Buchdruck.
1453	Mit dem Fall Konstantinopels endet das Oströmische Reich.
1484	Der Hexenhammer, »Maleus Maleficarum«, erscheint und verschärft die Hexenjagd.
1492	Lorenzo de' Medici stirbt; Christoph Kolumbus entdeckt einen neuen Kontinent.
1494	Spanien und Portugal teilen sich die Welt: Der Westen geht an Spanien, der Osten an Portugal.
1498	Vasco da Gama entdeckt den Seeweg nach Indien, indem er die Südspitze Afrikas umsegelt.
1513	Niccolo Macchiavelli veröffentlicht sein Werk »Der Fürst«, in dem er darlegt, dass Politik auch rücksichtslos sein muss, um dem Zweck zu dienen.

Drei wesentliche Faktoren sorgten dafür, dass die seit Jahrhunderten etablierten Machstrukturen des Mittelalters allmählich ins Wanken kamen.

Zum einen wurde der Islam immer mächtiger und vertrieb die Kreuzfahrer aus dem Heiligen Land. Im Jahr 1291 fiel die letzte Kreuzfahrerfestung Akkon, und die Präsenz der christlichen Krieger in Jerusalem und Umgebung war endgültig beendet. Eine Schmach für die Kirche, die sich als allmächtig und unfehlbar dargestellt hatte.

Durch eigenartige Kostüme glaubten die Pestärzte, die bösen Geister fernhalten zu können, die für den »Schwarzen Tod« verantwortlich gemacht wurden. Ein fataler Irrtum, denn die Überträger der Krankheit, die Rattenflöhe, zeigten sich von dem Mummenschanz kaum beeindruckt.

Der zweite Faktor war die Pest. Ein Drittel der europäischen Bevölkerung fiel der Seuche in den folgenden Jahren zum Opfer. Da die Kirche nicht helfen konnte, kamen im Volk zunehmend Zweifel an der Allmacht und der Güte Gottes auf. Aber auch durch andere Konsequenzen brachte die Pest die mittelalterliche Ordnung ins Wanken: Arbeitskräfte wurden im zum Teil nahezu vollständig entvölkerten Europa plötzlich kostbar, und so entstand die Lohnarbeit. Durch diese Verteuerung wurden plötzlich technologische Neuerungen erforderlich – auch diese Veränderungen und Innovationen passten der Kirche nicht ins Konzept.

Die Pest wurde wahrscheinlich durch den ersten (bekannten) Einsatz biologischer Kampfmittel der Weltgeschichte ausgelöst: Die Tartaren, die 1346 die genuesische Hafenstadt Kaffa belagerten, warfen ihre Toten, die an einer rätselhaften Seuche gestorben waren, mit Katapulten über die Stadtmauern. Als die Belagerten vor dieser Bedrohung flohen, war sie da, die Pest.

Endgültig ins Trudeln kam die wissenschaftsfeindliche Haltung der Kirche durch eine Entwicklung am anderen Ende der damals bekannten Welt. Im Jahr 1453 nahmen islamische Krieger Konstantinopel ein und beendeten so die Existenz des Oströmischen Reichs für immer. Zahlreiche Wissenschaftler und Künstler flohen vor den neuen islamischen Machthabern nach Italien und hatten ungeahnte geistige Schätze im Gepäck. Es dauerte nicht lang, und es kam zur Wiedergeburt (franz. »Renaissance«) des antiken Wissens, vor allem Aristoteles und seine Schriften wurden wieder populär. Ein weiterer Widerhaken im Fleisch der Kirche, denn über Jahrhunderte wurde dieses Wissen als heidnisch und ketzerisch verteufelt.

Doch der Prozess der Erhellung des finsteren Mittelalters war nicht mehr aufzuhalten. Ein wichtiger Faktor dafür war der zunehmende wirtschaftliche Erfolg der italienischen Stadtstaaten, wodurch eine grundlegende Veränderung der Machtstrukturen in Europa stattfand. Venezianische und vor allem florentinische Machthaber (allen voran Lorenzo de' Medici, 1449–1492, genannt il Magnifico = der Prächtige) ermöglichten den Künstlern und Wissenschaftlern ihr Wirken und Gestalten. Die aufkeimende Wissenschaft stellte zunehmend Zusammenhänge infrage, die bislang von der Kirche in dem ihr eigenen Dogmatismus für unabänderlich richtig befunden wurden. Ein zentrales Beispiel: Bisher war man der Meinung, die Sonne würde sich um die Erde drehen. Daraus leitete sich das kirchliche Bild vom Menschen als Abbild Gottes und Mittelpunkt des Universums ab. Doch auch wenn die Kirche sich massiv gegen die neuen Erkenntnisse zur Wehr setzte: Das geozentrische Weltbild kam ins Wanken und wurde im wohl gewaltigsten Paradigmenwechsel der Geschichte durch das heliozentrische Weltbild ersetzt. Über 100 Jahre forschten, dachten und publizierten mutige und geniale Geister wie Nikolaus Kopernikus, dann Tycho Brahe und Johannes Kepler und schließlich Galileo Galilei über dieses Thema. Letzterer widerrief auf Druck der Kirche seine Thesen, als ihm die Folterinstrumente vorgeführt wurden, die ihn eigentlich erst noch überzeugen sollten. Aber sein auf die Erde bezogener Satz »Und sie bewegt sich doch!«, den er sich bei Verlassen des Gerichtssaals angeblich in den Bart gemurmelt haben soll, belegt: Der Niedergang des wissenschaftsfeindlichen Dogmatismus der Kirche war bereits nicht mehr aufzuhalten.

Er brachte den Stein ins Rollen: Durch die Forschungen von Nikolaus Kopernikus geriet das geozentrische Weltbild, eine wichtige Säule der Kirche, ins Wanken.

Ein weiterer Kandidat, der der Kirche einen folgenschweren Hieb versetzen sollte, stand schon in den Startlöchern: Christoph Kolumbus konnte sich nach dem aktuellen Stand der Wissenschaft nicht erklären, wieso man bei guter Sicht den Mast abfahrender Schiffe allmählich im Meer versinken sah, die Schiffe dies aber nachweislich nicht taten. Es gab nur eine Lösung: Die Erde war keine Scheibe, wie immer behauptet wurde, sondern eine Kugel. Deswegen wagte er es und fuhr in die entgegengesetzte Richtung, also nach Westen, um einen Seeweg nach Indien, eigentlich im Osten gelegen, zu finden. Den fand er auch – glaubte er zumindest. Dass dieses Land nicht Indien war, sondern – viel spektakulärer – ein unbekannter Kontinent, hat er nie erfahren, doch fortan erkannten alle an: Die Erde war keine Scheibe. Eine erneute Niederlage für die eh schon gebeutelte Kirche.

Reformation und Absolutismus

Zeittafel

1517	Martin Luther veröffentlicht seine 95 Thesen.
1533	Heinrich VIII. spaltet die anglikanische Kirche von Rom ab.
1536	Mit Erasmus von Rotterdam stirbt die Ikone des Humanismus.
1543	Kopernikus veröffentlicht seine These vom heliozentrischen Weltbild.
1618	Der Dreißigjährige Krieg beginnt.
1620	Auf der Mayflower starten die ersten Pilgerväter in ein neues Leben auf einem neuen Kontinent.
1648	Der Westfälische Friede von Münster und Osnabrück beendet den Dreißigjährigen Krieg, aber weite Teile des heutigen Mitteldeutschlands sind verwüstet.
1661	Ludwig XIV. erfindet den Absolutismus.

Einem kleinen Augustinermönch und Theologieprofessor riss allmählich der Geduldsfaden. Man schrieb das Jahr 1517, als ein gewisser Martin Luther beschloss, seinem Unmut über die Praktiken der katholischen Kirche Luft zu machen. So setzte er sich hin, verfasste seine berühmten 95 Thesen und nagelte diese an die Türe der Schlosskirche zu Wittenberg. In Windeseile verbreiteten sie sich von dort aus über das ganze Land, sogar über den ganzen Kontinent, und das auch wegen der nicht allzu lang zuvor erfundenen Technik des Buchdrucks. Und plötzlich war nichts mehr wie zuvor.

Martin Luther (1483–1546)

Die katholische Kirche wurde dem Problem nicht Herr, und das nicht zuletzt, weil Luther auch von mächtigen Regenten wie dem sächsischen Kurfürsten Friedrich dem Weisen unterstützt und beschützt wurde.

Was eigentlich als wissenschaftlicher Disput gedacht war, der zu einer Veränderung der katholischen Kirche führen sollte, wurde zu etwas viel Größerem, was Luther so nicht geplant hatte: Es kam zu einer Kirchenspaltung, und seiner Lehre folgend etablierte sich neben dem römisch-katholischen Glauben die evangelisch-lutherische Kirche.

Knapp 100 Jahre später kam es zu einer der verheerendsten kriegerischen Auseinandersetzungen, die Europa je gesehen hatte: Der Dreißigjährige Krieg brach aus, der neben den üblichen Motiven einer Machtverschiebung auch ein Krieg der beiden mittlerweile sich verfeindet gegenüberstehenden Glaubensrichtungen war.

Noch während dieses Krieges schwang sich in Frankreich Ludwig XIV. zum unangefochtenen Alleinherrscher auf. Er baute die Macht der Krone in bislang unvorstellbare Dimensionen aus, indem er den seit Jahrhunderten mitregierenden Adel entmachtete, die königliche

Ludwig XIV., der Sonnenkönig, wie er sich der Öffentlichkeit zeigen wollte. Gemälde von Hyacinthe Rigaud, Paris, Musee du Louvre.

Verwaltung auf das gesamte französische Reich ausdehnte und eine forcierte Wirtschaftspolitik betrieb.

Und die Kirche spielte mit. Er versuchte zwar, ihren Einfluss zu reduzieren, erkannte sie aber trotzdem noch als eigenständige Instanz und den Papst als Oberhaupt an. Dafür wurde er belohnt, indem die Kirche von den Kanzeln des Landes bekannt gab, seine Herrschaftsform sei von Gott gewollt und somit von allerhöchster Stelle vollumfänglich legitimiert.

Sein Ausspruch »L'État, c'est moi!« – »Der Staat bin ich!« steht seitdem als Maxime des von ihm so geschaffenen Absolutismus. Um seine unumschränkte Macht zu zeigen, beschloss er, in den Sümpfen vor Paris in Versailles ein Schloss zu bauen, das die Welt so noch nicht gesehen hat.

Aber der unvorstellbare Prunk, in dem der Sonnenkönig lebte, hatte neben der Befriedigung seiner Gelüste auch noch weitere Funktionen. Zum einen sollten so sein Machtanspruch und die Funktionsfähigkeit seines Regimes auch über die französischen Grenzen hinaus dokumentiert werden. Zum anderen war die Ausgestaltung seines höfischen Systems dazu da, den Adel an seinen Hof zu binden und zu Komparsen seiner Selbstdarstellung zu degradieren.

Das alles erregte die Bewunderung, aber auch den Neid anderer Herrscher in Europa. Zahlreiche Könige folgten Ludwig XIV., und das französische Vorbild wurde zum Ideal für nahezu alle Höfe Europas. Dabei wurde nicht nur die Regierungsform, sondern der ganze Stil kopiert. So gab es zahlreiche Nachahmungen und Anlehnungen an das Schloss von Versailles in Europa, etwa Herrenchiemsee in Bayern; an vielen Höfen, z. B. am Hof des Zaren in Russland, sprach man Französisch und Regenten wie August der Starke in Dresden kopierten die Lebensart des Sonnenkönigs.

Aufklärung und Revolutionen

Zeittafel

1688	England feiert die »Glorious Revolution«.
1701	Der Kurfürst von Brandenburg, Friedrich III., lässt sich in Königsberg zum König von Preußen krönen.
1717	Die Türken stehen vor Wien und werden von Prinz Eugen besiegt.
1740	Friedrich Wilhelm I., der »Soldatenkönig«, stirbt, ihm folgt Friedrich II.
1753	Voltaire verlässt Schloss Sanssouci.
1765	Aufstand in den amerikanischen Kolonien: »No taxation without representation«
1776	Mit der marktreifen Entwicklung der Dampfmaschine legt James Watt den technischen Grundstein für die industrielle Revolution.
1776	Die USA erklären sich für unabhängig.
1789	Sturm auf das Pariser Gefängnis Bastille
1793	Ludwig XVI. wird geköpft.
1795	Ein fünfköpfiges Direktorium herrscht über Frankreich.

Aber der Lauf der Geschichte war nicht mehr aufzuhalten. Die katholische Kirche hatte sich von dem im ausgehenden Mittelalter beginnenden Machtverlust, der in der Reformation seinen Höhepunkt fand, nicht erholt, und der unglaubliche Prunk der absolutistischen Herrscher brachte das Volk auf.

Der Einfluss der wiederentdeckten antiken Philosophen führte dazu, dass die Menschheit plötzlich wieder zu denken begann und daraus keinen Hehl machte.

Bis heute gilt René Descartes als einer der größten Denker der Weltgeschichte. Zeitgenössisches Porträt

»Cogito ergo sum« – »Ich denke, also bin ich« brachte es der französische Philosoph René Descartes (1596–1650) auf den Punkt. Das war neu, denn die Existenz eines Menschen beruhte zuvor einzig und allein darauf, das zu tun, was ihm gesagt wurde.

Doch diese Zeiten waren nun endgültig vorbei, und überall in Europa erhoben Denker ihr Haupt, die aus den klassischen Fragen der Philosophie ein ganz besonderes Thema heraushoben: die Politik und zukünftige Regierungsformen. Der unkritische Glaube an Autoritäten und ihre angeblich von Gott verliehene Macht und Kompetenz war in Auflösung begriffen – die Menschen sollten anstreben, ihr Leben, ihre Wünsche und das, was ihnen wichtig ist, selbst zu bestimmen. Die führenden Vertreter der Aufklärung rückten immer wieder Begriffe wie Vernunft und Freiheit in den Mittelpunkt ihres Schaffens.

Anliegen der Enzyklopädie Diderots: Wenn das Wissen frei verfügbar war, konnte niemand mehr für dumm verkauft werden.

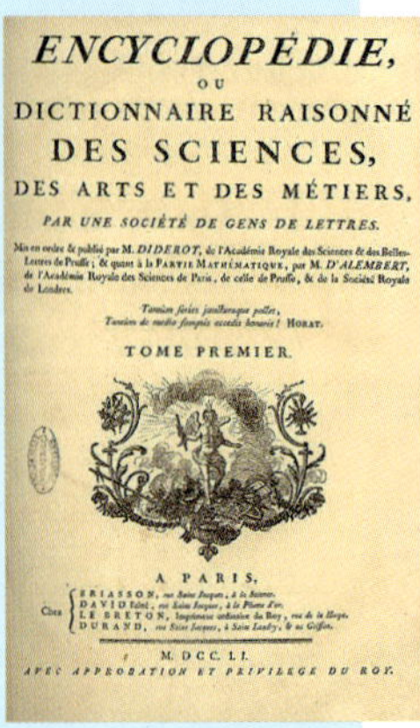

ENCYCLOPÉDIE,
OU
DICTIONNAIRE RAISONNÉ
DES SCIENCES,
DES ARTS ET DES MÉTIERS,
PAR UNE SOCIÉTÉ DE GENS DE LETTRES.
Mis en ordre & publié par M. DIDEROT, de l'Académie Royale des Sciences & des Belles-Lettres de Prusse; & quant à la PARTIE MATHÉMATIQUE, par M. D'ALEMBERT, de l'Académie Royale des Sciences de Paris, de celle de Prusse, & de la Société Royale de Londres.
HORAT.
TOME PREMIER.
A PARIS,
Chez BRIASSON, DAVID l'aîné, LE BRETON, DURAND,
M. DCC. LI.
AVEC APPROBATION ET PRIVILEGE DU ROY.

Problematisch für die Aufklärung war der Umgang mit der »Encyclopédie« des französischen Schriftstellers Denis Diderot (1713–1784). In ihr sollte das gesamte Wissen der Zeit niedergeschrieben werden, aber Diderot sah sich zahlreichen Anfeindungen von Staat, Kirche und Gesellschaft ausgesetzt. Die katholische Kirche hatte noch immer nicht dazugelernt und setzte dieses Werk, als es dann endlich herausgekommen war, auf den Index. Aber es war erschienen, und das gilt als einer der größten Triumphe der frühen Aufklärer.

Die Liste populärer Vordenker ist lang: David Hume (1711–1776), John Locke (1632–1704), Baron de Montesquieu (1689–1755), Voltaire (1694–1778), Jean-Jacques Rousseau (1712–1778) und Immanuel Kant (1724–1804), um nur die bekanntesten zu nennen.

Als die führenden Herrscher in Europa begannen, auf den Kurs der Aufklärung einzuschwenken, war Politik nicht immer frei von Widersprüchen: Auf der einen Seite wendeten sich europäische Herrscherhäuser den Gedanken der Aufklärung zu, auf der anderen Seite herrschten sie aber noch mit Leib und Seele nach den Prinzipien des Absolutismus. Die Verknüpfung dieser beiden doch eigentlich recht konträren Geisteshaltungen brachte Friedrich der Große (1712–1786) auf den Punkt, indem er den Satz »Der Staat bin ich« von Ludwig XIV. in ein menschenfreundlicheres »Ich bin der erste Diener meines Staates« umwandelte.

Aber einige Völker Europas wollten sich nicht länger von absolutistisch regierenden Monarchen unterjochen lassen: Das Zeitalter der Revolutionen brach an.

Als Erfinder der modernen Revolutionen gelten die Engländer, die im Jahre 1649 zum ersten Mal in der Weltgeschichte die Herrschaft eines Königs mit dem Fallbeil beendeten. Nach einigen Restaurationsversuchen kam es dann 1688 zur »Glorious Revolution«. Fortan war England eine Republik, und die Könige wurden vom Parlament eingesetzt. Dieses bestand zwar nicht aus vom Volk gewählten Abgeordneten, sondern aus dem Adel, aber doch hatte ein Paradigmenwechsel stattgefunden: Nicht mehr der König war nun der Souverän, sondern das Parlament, das ihn einsetzte.

Knapp ein Jahrhundert später waren es dann die amerikanischen Kolonien, die sich per Unabhängigkeitserklärung vom Mutterland England lossagten. Das führte zwar zu einem Krieg, der aber nicht zuletzt durch die Unterstützung Frankreichs im Jahr 1783 zu einer endgültigen Anerkennung der Souveränität der USA durch die englische Krone führte.

Und schließlich entledigten sich auch die Franzosen per Enthauptung ihres damaligen Regenten Ludwig XVI.

Doch am Beispiel der Franzosen ist gut zu beobachten, wie schwierig es sein kann, demokratische Struk-

Ludwig XVI.: Als sein Kopf fiel, begann auch die absolutistische Monarchie in Europa zu fallen.

turen zu etablieren, wenn die Zeit dafür noch nicht wirklich reif ist. Denn zum einen zerfleischten sich die Revolutionäre aus Angst vor dem eigenen Versagen untereinander. Zum anderen gab es keinen Plan, wie es weitergehen sollte. Man wusste zwar, dass die Monarchie nicht die beste Lösung war, verfiel aber vor lauter Verzweiflung in ein quasi-terroristisches System, das sich am Ende als nicht zukunftstauglich erwies. So war der doch recht fragwürdige Erfolg nur von kurzer Dauer, und nach einigen planlosen Jahren stand der nächste Alleinherrscher bereit, der Unvorstellbares mit dem Land und dem gesamten Kontinent Europa anstellen sollte.

Napoleon, der Wiener Kongress und die Erfindung der Nationalstaaten

Zeittafel

1804	Napoleon krönt sich selbst zum Kaiser.
1808	In Preußen werden unter napoleonischer Herrschaft weitreichende Reformen durchgeführt.
1812/13	Napoleon scheitert in Russland und wird in der Völkerschlacht bei Leipzig endgültig geschlagen.
1814	Napoleon dankt ab und geht ins Exil auf Elba.
1815	Nach 100tägiger Rückkehr wird Napoleon bei Waterloo endgültig besiegt und nach St. Helena verbracht, wo er 1821 stirbt.
1815	Der Wiener Kongress sortiert die Machtverhältnisse neu.
1832	Hambacher Fest: Der Deutsche Bund bekommt Struktur.
1848	In der Frankfurter Paulskirche tritt ein Parla-

	ment zusammen, um die deutsche Einheit zu erreichen.
1862	König Wilhelm I. ernennt Bismarck zum Reichskanzler.
1865	In den USA endet der »Civil War«, Sieger Präsident Abraham Lincoln wird ermordet.
1867	Karl Marx veröffentlicht »Das Kapital«.
1871	Wilhelm I. wird zum Kaiser ausgerufen und gründet das Deutsche Reich.
1878	Das Sozialistenverbot wird vom Reichstag verabschiedet.
1883	Bismarck beginnt mit der Einführung der Sozialversicherungen.
1888	Drei-Kaiser-Jahr: Wilhelm I. stirbt, sein Nachfolger Friedrich III. stirbt nach 99 Tagen im Amt, ihm folgt Wilhelm II.
1890	Wilhelm II. entlässt Bismarck, weil er meint, es selbst besser zu können.
1912	Der Reichstag beschließt ein neues Rüstungsprogramm.
1914	Der Erste Weltkrieg bricht aus und spaltet Europa.

Nach der Revolution wurde Frankreich von 1795 bis 1799 von einem fünfköpfigen Direktorium regiert. Doch im Land herrschte Chaos: Die Revolutionäre etablierten ein brutales Terrorregime, die benachbarten Staaten erklärten Frankreich den Krieg, um einer Ausdehnung der Revolution auf die eigenen Territorien vorzubeugen, und im Inneren musste man sich gegen royalistische Restaurierungsversuche zur Wehr setzen. In diesen unruhigen Zeiten gelang es einem korsischen General namens Napoleon Bonaparte (1769–1821), in der Revolutionsarmee Karriere zu machen.

Nach einigen Erfolgen strebte er aber schon bald – erfolgreich – nach Höherem. Im Jahr 1799 stürzt er das Direktorium und kommt an die Macht. Vorerst regiert er als Konsul auf Lebenszeit, bis er sich, getragen von

Napoleon krönt sich selbst zum Kaiser.

seinen militärischen Erfolgen, selbst (!) zum Kaiser krönt. In den kommenden Jahren eroberte er halb Europa, bis er unter größten Verlusten in Russland scheiterte.

In der Völkerschlacht bei Leipzig wurde Napoleon dann ein Jahr später so vernichtend geschlagen, dass er 1814 abdanken musste. Aber Elba im Mittelmeer war nicht der richtige Ort für sein Exil, denn ein Jahr später war er wieder da, riss erneut die Macht an sich und regierte hundert Tage, bis er bei Waterloo vom Rest Europas endgültig besiegt wurde – diesmal verbannte man ihn auf die kleine Insel St. Helena im Südatlantik, wo er 1821 starb.

Abgesehen davon, dass Napoleon ganz Europa mit Kriegen überzog und Millionen von Menschenleben auf dem Gewissen hat, resultierten aus seiner Herrschaft auch noch andere weitreichende Konsequenzen.

Zum einen beendete er offiziell die tausendjährige Existenz des Heiligen Römischen Reichs (Deutscher Nation), eine Einrichtung, die es zwar seit Karl dem Großen immer gegeben hat, die aber nach den Karolingern nie wirklich funktioniert hat.

Durch Napoleons Herrschaft über Preußen und über große Teile von dem, was wir heute Deutschland nennen, wurde der Weg bereitet für umfassende Reformen.

Das Militär sowie das Verwaltungs- und Bildungssystem wurde komplett umgestaltet und die Leibeigenschaft der Bauern abgeschafft.

Politisch war nichts mehr wie zuvor, also musste eine neue Ordnung in Europa her. Die führenden Mächte in Europa trafen sich auf dem Wiener Kongress und teilten den Kontinent unter sich auf, wobei die fünf europäischen Großmächte Russland, Preußen, Österreich, Großbritannien und auch das wiederhergestellte Frankreich nach wie vor die Machtzentren bildeten.

Neben der territorialen Neuordnung war das alles überstrahlende Ziel dieser Zusammenkunft, revolutionäre Bestrebungen in Europa zu verhindern und die absolutistische Monarchie auf Dauer zu erhalten.

Von Deutschland als Nationalstaat, so wie wir ihn heute kennen, war damals noch nichts zu erkennen; es sollten nach dem Wiener Kongress noch viele Jahrzehnte vergehen, bis Bismarck die (erste) deutsche Einheit herstellte – deshalb wird Deutschland auch als »die verspätete Nation« bezeichnet. Im Revolutionsjahr 1848 trat zwar das erste frei gewählte deutsche Parlament in der Frankfurter Paulskirche zusammen, aber die Zeit war immer noch nicht reif. Erst 1871 wurde der damalige preußische König Wilhelm I. zum Kaiser proklamiert. Die Reichsgründung erfolgte durch den Beitritt

Der Wiener Kongress hat Europa neu sortiert, auch wenn das wirklich Innovative radikal ausgeblendet wurde.

Sozialversicherungssysteme

Die Sozialversicherungen sind eine deutsche Erfindung. Bereits im 19. Jahrhundert war es Reichskanzler und Ministerpräsident Otto von Bismarck, der in seiner politischen Auseinandersetzung mit der Arbeiterbewegung und den aufkommenden Sozialdemokraten diese Absicherung für Arbeitnehmer einführte.

Sozialversicherungen dienen dazu, Menschen, die in wirtschaftliche Probleme geraten, abzusichern; der Staat und die Solidargemeinschaft garantieren für diesen Fall ein menschenwürdiges Auskommen. Nicht zuletzt wohnt diesem Gedanken aber auch eine sicherheitspolitische Komponente inne, denn durch eine garantierte Grundversorgung werden auch soziale Unruhen und eine Zunahme der Kriminalität kontrolliert.

Die Sozialversicherungssysteme in Westeuropa gleichen sich; die neuen EU-Länder sind bestrebt, einen vergleichbaren Standard herbeizuführen. Doch verfügen bei Weitem nicht alle reichen Industrieländer über einen Standard wie Deutschland. In den USA etwa dienen die staatlichen Sozialversicherungen lediglich dazu, die allergrößten Katastrophen zu verhindern. Ansonsten ist dort offiziell jeder selbst für seine Kranken- und Rentenversicherung verantwortlich.

In Deutschland wurden die ökonomischen Erfolge der Wirtschaftswunderzeit zu einem Großteil dafür verwendet, das soziale Netz auszubauen, das sich mittlerweile aus den fünf Komponenten Arbeitslosen-, Kranken-, Unfall-, Renten- und – seit der Regierung unter Bundeskanzler Helmut Kohl – aus der Pflegeversicherung zusammensetzt: Verliert ein Mensch seine Arbeit, hilft, zumindest vorübergehend, die Arbeitslosenversicherung aus. Tiefgreifende Änderungen in diesem System haben unter dem Schlagwort »Hartz IV« in den letzten Jahren für große Diskussionen gesorgt.

Die zweite Säule der deutschen Sozialversicherungen ist die Krankenversicherung. Wer aus Krankheitsgründen arbeitsunfähig ist, bekommt für eine gewisse Zeit aus diesem Topf einen Teil seines Einkommens weitergezahlt. Die Krankenkassen sind auch dafür verantwortlich, Arztkosten und Medikamente wenigstens zum Großteil zu bezahlen. Allerdings haben viele mögliche Beitragszahler, vor allem Beamte, Selbstständige und Menschen mit einem überdurchschnittlich hohen Einkommen, die Möglichkeit, sich von diesem System abzuwenden, um über eine private Krankenversicherung bessere Leistungen zu erlangen. Das im internationalen Vergleich völlig unübliche System von über 200 unterschiedlichen gesetzlichen Krankenkassen, die sich untereinander Konkurrenz machen, ist ein weiteres Problem des Systems.

Die berufliche Unfallversicherung übernimmt im Falle eines aus beruflichen Gründen erlittenen Unfalls nicht nur die Behandlungskosten, sondern ggf. auch Renten; die Pflegeversicherung springt ein, wenn Menschen pflegebedürftig werden und erstattet die daraus entstehenden Aufwendungen.

Die Rentenversicherung soll dafür sorgen, dass man im Alter ein gesichertes Auskommen hat. Es herrscht Rentenversicherungspflicht, der Beitrag errechnet sich nach einem festgelegten Anteil vom Bruttoeinkommen, sodass jeder Rentenberechtigte eine Rente zu erwarten hat, die sich aufgrund der Höhe der geleisteten Einzahlungen errechnet. Als Bundeskanzler Konrad Adenauer allerdings zu Beginn der 1950er-Jahre mit der mittlerweile legendär gewordenen Bemerkung »Kinder kriegen die Leute immer« und gegen das ausdrückliche Votum seiner Berater entschied, das Rentensystem als sogenannten Generationenvertrag auf die Beitragszahler umzulegen, gab es die Antibabypille noch nicht. Da im Generationenvertrag die aktiv arbeitenden Beitragszahler die Rentner finanzieren, stellt der anhaltende Geburtenrückgang mittlerweile das gesamte System ernsthaft infrage. Daher wurden mit der Förderung privater Altersversorgung (Riester-Rente/Rürup-Rente) erste Grundsteine gelegt, das gesetzliche Rentensystem in Hinblick auf eine zukünftige Basisversorgung zu ändern.

Für das gesamte Sozialversicherungssystem, aber vor allem für die Rentenversicherung, war es eine große Herausforderung, im Zuge der deutsch-deutschen Wiedervereinigung viele Millionen Leistungsberechtigte auf einen Schlag zu integrieren und zu versorgen. Insgesamt darf man sich im Vergleich zu anderen Ländern der Welt in Deutschland wegen der sozialen Absicherung so sicher wie in Abrahams Schoß fühlen. Immer wieder aber stellt sich die Frage, welches Maß an sozialer Absicherung man sich überhaupt erlauben kann. Denn auf der einen Seite soll niemand wirklich Not leiden, auf der anderen Seite ist die Verlockung aber wohl auch groß, das System zu missbrauchen und den eigenen Lebensunterhalt voll und ganz daraus zu finanzieren. Außerdem kostet diese gigantische Umverteilungsmaschinerie viel Geld und verteuert die Arbeitskraft in Deutschland im Vergleich zur internationalen Konkurrenz erheblich. Da die Sozialversicherungen von Arbeitgebern und Arbeitnehmern zu annähernd gleichen Teilen gemeinsam aufgebracht werden müssen (nur die Unfallversicherung zahlt der Arbeitgeber allein), schrecken nicht nur viele internationale Unternehmen davor zurück, in Deutschland zu produzieren, sondern auch viele deutsche Unternehmen verlagern ihre Produktion in Billiglohnländer.

Otto von Bismarck: Ein Reaktionär, der gegen seinen Willen weltweit zum Sozialreformer Nr. 1 wurde.

der damals noch autonomen süddeutschen Staaten zum Norddeutschen Bund, und das zweite Deutsche Reich war gegründet (nach dem ersten, dem Heiligen Römischen Reich Deutscher Nation).

Der eigentliche Machtfaktor im Reich war Kanzler Otto von Bismarck (1815–1898). Er hatte bereits die Reichsgründung vorbereitet und übernahm später die führende Rolle sowohl in der Innen- wie auch Außenpolitik. Innenpolitisch gehörte es zu seinen Hauptaufgaben, die aufkommende Sozialdemokratie unter Kontrolle zu bekommen. Das erfolgte erst durch die harte Hand, nämlich indem diese politische Richtung kurzerhand verboten wurde. Als das jedoch nicht funktionierte, rief er das System der Sozialversicherungen ins Leben, um den »Sozis« so das Wasser abzugraben. Das gelang ihm aber nicht – denn er sollte bald Geschichte sein, die Sozialdemokratie als Partei überlebte hingegen bis heute.

Außenpolitisch war es Bismarcks Ziel, durch eine ausgefeilte Bündnispolitik mit den anderen Großmächten die Machtpolitik des Deutschen Reichs zu mehren und zu festigen. Als dann aber Kaiser Wilhelm II. 1888 an die Macht kam, war Bismarcks politisches Ende abzusehen: Die beiden kamen einfach nicht miteinander zurecht. Bismarck stand eher für den vernunftbetonten Taktierer, Wilhelm II. wollte hingegen ein wenig offensiver und risikobewusster vor allem an die Außenpolitik herangehen.

Entscheidender außenpolitischer Faktor war die Kolonialisierung der Welt. Kolonien, also die Beherrschung fremder Länder bzw. Territorien, meist zum Zwecke der wirtschaftlichen Ausbeutung, hat es zwar schon immer gegeben, aber im 19. Jahrhundert schwangen sich die europäischen Nationalstaaten dazu auf, die gesamte Welt unter sich aufzuteilen.

Auch hier war Deutschland wieder »verspätete Nation«: Denn als das Reich dann endlich gegründet war, hatten die anderen europäischen Großmächte der neuen Supermacht kaum noch etwas übrig gelassen: In Afrika dominierten Franzosen und Engländer, in Ostasien Portugiesen, Niederländer und Briten, und Mittel- und Südamerika wurde von Spanien beherrscht. Aber Wilhelm ließ sich davon nicht beirren. Er wollte den Teil vom kolonialen Weltkuchen, der ihm seiner Meinung nach zustand, rüstete auf, rasselte mit dem Säbel, die anderen Großmächte zuckten irritiert zusammen. Das politische Klima heizte sich auf – und der große Knall, der Erste Weltkrieg, konnte nicht verhindert werden, nicht zuletzt, weil es auch niemand versucht hat. Allerorten brach in Europa angesichts des bevorstehenden Krieges Jubel aus.

»Jeder Tritt ein Brit',
jeder Schuss ein Russ',
jeder Stoß ein Franzos'.«

Dieser Rüttelreim macht klar, wie man im wilhelminischen Preußen über die Nachbarschaft dachte.

Faschismus in Europa

Zeittafel

1918	Der Erste Weltkrieg ist zu Ende, Kaiser Wilhelm dankt ab; in Russland wird der Zar ermordet, Lenin übernimmt die Macht.
1919	Die chaotischen Zustände in Deutschland münden in der Weimarer Republik.
1921	Deutschland ächzt unter den Reparationsforderungen der Siegermächte.
1922	Mussolini marschiert auf Rom.
1923	In Deutschland wütet die Inflation; Hitlers Putschversuch scheitert.
1925	Mussolini wird zum Diktator und erfindet den Faschismus.
1929	Schwarzer Freitag an der New Yorker Börse

1930	Die Nazis werden zweitstärkste Kraft in Deutschland.
1933	Hitler kommt legal an die Macht.
1934	Mao beginnt in China den Langen Marsch.
1936	In Spanien bricht der Bürgerkrieg aus.
1938	Reichspogromnacht
1938	Österreich schließt sich Nazi-Deutschland an.
1939	Franco gewinnt in Spanien den Bürgerkrieg, Hitler erklärt Polen den Krieg.
1941	Unter dem Namen »Unternehmen Barbarossa« startet Hitler den Russland-Feldzug.
1943	Mussolini wird in Italien gestürzt.
1944	Invasion der Alliierten in der Normandie
1945	Ende des Zweiten Weltkriegs

Blickt man auf die Zeit nach dem Ersten Weltkrieg, so ist offensichtlich, dass ein Großteil Europas in weiten Strecken noch nicht wirklich bereit für die Demokratie war. Monarchische Regierungsformen hatten sich weitgehend überholt. Die Wut über das Elend durch die zahllosen Kriege in den letzten Jahrhunderten, die nicht zuletzt aufgrund der durch persönliche Eitelkeiten geprägten Rivalitäten zwischen den unterschiedlichen Königshäusern ausbrachen, richtete sich überwiegend gegen die monarchischen Königshäuser und sorgte für einen Strudel an Revolutionen in Europa. Allerdings war in vielen Ländern, allen voran in Deutschland, die Einführung demokratischer Strukturen mit großen Problemen behaftet. Denn Demokratien brauchen auf der einen Seite funktionierende Vorbilder in anderen Ländern und auf der anderen Seite die Möglichkeit, in einem Lernprozess die eigenen Schwächen zu eliminieren. Viele Völker waren auf der einen Seite nicht bereit, diesen Lernprozess, vor allem nicht mit Blick auf andere Nationen, zu durchlaufen und auf der anderen Seite immer noch geneigt, einer starken Hand folgen zu wollen.

Im Jahr 1922 marschierte Benito Mussolini in Italien mit seinen Gefolgsleuten Richtung Rom. Der damals amtierende König Viktor Emmanuel betrachtete das Schauspiel und ernannte, ob beeindruckt oder verängstigt, konnte nicht geklärt werden, diesen starken Mann, der sich vollmundig »Duce« (»Führer«) nannte, zum Ministerpräsidenten. Mussolini bezeichnete sich selbst als Faschisten und etablierte in kurzer Zeit eine autoritäre Diktatur.

In Deutschland beobachtete man dies mit großem Interesse. Vor allem einer allmählich heranwachsenden politischen Strömung, den Nationalsozialisten, und ganz besonders einer ihrer hoffungsvollen Nachwuchskräfte namens Adolf Hitler, gefiel das, was sich dort in Italien abspielte, so gut, dass er beschloss, seinem Vorbild Mussolini nachzueifern. Nach einem missglückten Putsch im Jahre 1923 wurde er zu einer langen Haftstrafe verurteilt, wurde aber nach kurzer Zeit mithilfe ihm und seiner Politik zugeneigter Juristen wieder entlassen. Und das Verhängnis nahm seinen Lauf.

Entgegen der herrschenden Begrifflichkeit handelte es sich im Jahre 1933 nicht um eine Machtergreifung im radikalen, im brutalen Sinne, sondern Hitler und seine NSDAP wurden völlig legal und demokratisch gewählt. Sogar seine Transformation zum Diktator wurde vom damaligen Parlament mehrheitlich getragen. Warum ihm dieses ermöglicht wurde, obwohl er bereits 1923 sein Buch »Mein Kampf« veröffentlicht hatte, in dem er die Vernichtung der Juden und einen Weltkrieg angekündigt hatte, kann heute niemand mehr nachvollziehen. Sicher ist aber, dass die Weltwirtschaftskrise, die im Jahre 1929 am Schwarzen Freitag an der New Yorker Börse ihren Ursprung hatte, einen erheblichen Anteil an der Radikalisierung Europas hatte. Denn in wirtschaftlichen Krisenzeiten fällt es einem gebeutelten Volk offenbar leichter, auf die Heilsversprechen einer starken Führerfigur zu vertrauen.

Im Jahr 1936 begann in Spanien ein gewisser General Francisco Franco einen Bürgerkrieg, um sich dort als Diktator zu etablieren. Sein befreundeter Amtskollege aus Deutschland half ihm dabei, indem er ihm mit der berüchtigten Legion Condor aushalf. Franco gewann seinen Bürgerkrieg, und Hitler hatte seine Generalprobe absolviert.

Danach legte er halb Europa in Schutt und Asche. Der unvorstellbaren Zahl von über 55 Millionen Menschen kostete dieser Wahnsinn das Leben.

Aber es gab in Europa neben diesen drei bekanntesten Fällen eine Vielzahl weiterer Diktaturen. Estland, Lettland, Litauen, Bulgarien, Rumänien, Albanien, Portugal, Jugoslawien, Griechenland: All diese Länder wurden in den Dreißigerjahren von autoritären Regimen geleitet, aber keines davon brachte es in einer so perversen Art zur Perfektion wie die Deutschen.

Der Kalte Krieg

Zeittafel

1946	In den Nürnberger Prozessen werden führende Nazis abgeurteilt.
1948	Die erste große Krise des Kalten Krieges: Russland riegelt West-Berlin ab, die USA reagieren mit der Luftbrücke.
1949	Die UdSSR hat die Atombombe, Mao proklamiert die Volksrepublik China und in Deutschland wird das Grundgesetz unterzeichnet.
1951	In Europa beginnt der Einigungsprozess mit der Gründung der Montanunion.
1953	Der Korea-Krieg endet mit einem Waffenstillstand.
1955	Deutschland wird ein souveräner Staat.
1956	Niederschlagung des Volksaufstands in Ungarn
1962	Kuba-Krise

1964 Der Vietnamkrieg beginnt und wird erst 1975 beendet.
1968 Die 68er-Generation geht auf die Straße.
1970 Willy Brandt legt die Grundlage für eine neue, entspanntere Ostpolitik.
1978 Ein Pole wird Papst; das läutet den Zusammenbruch des Ostblocks ein.
1979 Nato-Doppelbeschluss: In Europa werden großflächig Atomraketen stationiert.
1984 Als Reaktion auf die militärische Bedrohung gründen sich in Deutschland »Die Grünen«.
1985 Gorbatschow kommt in der UdSSR an die Macht; »Glasnost« und »Perestroika« sind die Zauberworte, die den Eisernen Vorhang öffnen werden.
1989 Die deutsch-deutsche Mauer fällt.

Der Krieg war zu Ende, halb Europa lag in Trümmern, und wieder einmal galt es, aus den Lehren einer verheerenden Völkerschlacht zu lernen. Im Unterschied zum Ersten Weltkrieg gelang dies diesmal, nicht zuletzt wohl auch daher, weil dieser Krieg an Brutalität und Perversion kaum noch zu überbieten war. Die Völker der Welt waren sich einig: So etwas durfte es nie wieder geben.

Ein Satz – in die Freiheit

Allerdings rutschte die Welt fast nahtlos in den nächsten großen Konflikt. Das Kriegsende im Jahre 1945 bedeutete auch die Teilung der Welt. Auf der einen Seite im Westen die freie Welt, und auf der anderen im Osten das autoritäre System der Sowjetunion, die dabei war, ihren Einfluss auf die späteren Länder des Warschauer Paktes auszudehnen. Die Teilung Deutschlands war das Symbol für die Teilung der Welt, und der Eiserne Vorhang, der sich quer durch Europa zog, trennte auch die DDR von der Bundesrepublik Deutschland und manifestierte sich im Bau der deutsch-deutschen Mauer 1961, dem »antifaschistischen Schutzwall«.

Japan hatte sich im Zweiten Weltkrieg unter Kaiser Hirohito auf die Seite von Nazi-Deutschland geschlagen und sich einen mörderischen Krieg mit den USA geliefert, der erst durch den Abwurf zweier Atombomben beendet wurde. Hier sowie in Deutschland sorgten die Siegermächte für die neue Ausgestaltung des politischen Systems. Während Japan von den Amerikanern im Alleingang neu geordnet wurde, war Deutschland in vier Zonen aufgeteilt: Jede der vier Siegermächte bekam in einer die Oberaufsicht. Ein aus westlicher Sicht fataler Fehler, denn die Russen betrachteten ihre Ostzone quasi als Eigentum und gründeten dort ihren Vasallenstaat DDR.

Es folgten die vielen Jahrzehnte des Kalten Krieges, die geprägt waren von dem ewigen Zwist, welches der beiden Systeme, das des Kapitalismus auf der einen oder das des Kommunismus auf der anderen Seite, denn nun das bessere wäre. Es wurde gestritten, bedroht, ausbalanciert und weggesehen. Die Gefahr, die von der Sowjetunion ausging, war real, denn immer wieder wurde dort postuliert, dass es das Ziel sei, den Kommunismus auf die gesamte Welt auszuweiten. Das konnte, durfte, ja musste vom Westen durchaus als Bedrohung aufgefasst werden, und eines war klar: Dass Deutschland als erstes Land von diesen Bestrebungen betroffen gewesen wäre.

Und so standen die beiden Systeme in einem permanenten Wettbewerb, der teilweise possierliche, aber überwiegend bedrohliche Dimensionen annahm. Kaum ein Feld wurde von den »Kalten Kriegern« nicht besetzt. Wenn es um Sport ging, so wurden vor allem die Olympischen Spiele dazu benutzt, zu entscheiden, welches der beiden Systeme den nun das leistungsfähigere sei. Auch technologisch lieferte man sich einen harten Wettbewerb: Das Wettrennen um die Raumfahrt und um die Dominanz im All kannte keine vernünftigen Grenzen. Während die Sowjets diejenigen waren, die den ersten Menschen ins All schossen, waren es die

Amerikaner, die mit dem Triumph der Mondlandung darauf reagierten.

Allerdings hatten diese Konkurrenzkämpfe auch eine militärische Dimension. Auf der einen Seite standen das absurde Wettrüsten und die Bedrohung durch Atomraketen, auf der anderen Seite focht man in sogenannten Stellvertreterkriegen - unter anderem in Angola, Korea, Afghanistan und Vietnam - tatsächliche Kämpfe der beiden Systeme aus, indem man der Parole »Der Feind meines Feindes ist mein Freund« folgend jeweils die Partei militärisch unterstützte, die das andere System bekämpfte. In Korea führte dieser Konflikt zu einer Teilung des Landes in einen kommunistischen Nordteil und einen nichtkommunistischen Süden, die bis in die heutige Zeit andauert. Drohte in einem Land der Kommunismus nach russischer Prägung und von der Sowjetunion unterstützt Fuß zu fassen und die Regierung zu übernehmen, so unterstützte die USA die dagegen aufbegehrenden Kämpfer. Dabei traten aus heutiger Sicht absurde Szenarien auf, etwa als die USA die Mudschaheddin in ihrem Kampf gegen die russischen Invasoren in Afghanistan unterstützten und sogar mit Osama bin Laden kooperierten, der sich dort militärisch engagierte. Und als der Irak gegen den ausgewiesenen US-Feind Iran kämpfte, war es Saddam Hussein, der sich auf amerikanische Unterstützung verlassen durfte.

Einen dramatischen Höhepunkt fand der Kalte Krieg 1963 in der Kuba-Krise, als die Sowjetunion beschloss, Atomraketen auf der Karibikinsel zu stationieren. In dieser Zeit stand die Welt an der Schwelle zum dritten Weltkrieg, der, da darf man sicher sein, noch wesentlich dramatischere Auswirkungen als alle kriegerischen Auseinandersetzungen zuvor gehabt hätte. Fakt ist: Die Sowjets lenkten in letzter Minute ein und gaben ihr Ansinnen auf Druck der USA auf. Was immer Kennedy damals tat: Es war das Richtige.

Nato und Warschauer Pakt standen sich also gegenüber, und der Rest der Welt formierte sich in der »Bewegung blockfreier Staaten« in der Hoffnung, bei einer militärischen Auseinandersetzung verschont zu werden. Denn schon damals verfügten beide Seiten über eine absurde Menge an Atomwaffen, die ausgereicht hätte, die gesamte Erde mehrfach vollständig zu zerstören: »Overkill« war das Schlagwort einer ganzen Generation, und die Angst vor dem großen, alles vernichtenden Krieg war allgegenwärtig. Kaum zu glauben, aber wahr: Man bildete sich allen Ernstes ein, den ultimativen Krieg verhindern zu können, indem man über jedes rationale Maß hinaus aufrüstet. Und tatsächlich hat dieses irrationale Wettrüsten sogar funktioniert, die Angst vor der völligen Vernichtung hat ein perverses Gleichgewicht produziert, das gehalten hat.

> »Es ehrt unsere Zeit, dass sie genügend Mut aufbringt, Angst vor dem Krieg zu haben.«
> *Albert Camus (1913–1960), franz. Philosoph und Schriftsteller*

In Europa fand in der Zeit des Kalten Krieges ein ganz besonderer Reinigungsprozess statt. Offensichtlich hatte man tatsächlich aus dem Wahnsinn des Zweiten Weltkriegs gelernt. Ehemals seit Jahrhunderten verfeindete Länder, allen voran Deutschland und Frankreich, fanden zusammen und beschlossen, dass dieser Kontinent von nun an von Frieden, Freundschaft und Freiheit geprägt sein sollte. Und man kam zu dem Schluss, dass die wirtschaftliche Zusammenarbeit der Länder Europas der Schlüssel zu einer dauerhaften und friedlichen Nachbarschaftskooperation war. Schon in den Fünfzigerjahren wurde der Grundstein für eine Erfolgsgeschichte gelegt, die auf der Welt ihresgleichen sucht. Die daraus allmählich entstandene Europäische Union gilt heute mit knapp 500 Millionen Einwohnern als der größte Wirtschaftsraum der Welt und kann mittlerweile Erfolge aufweisen, die sogar die Kritiker des Systems, soweit sie immer noch nicht verstummt sind, anerkennen müssen.

Kein Jahr ist so populär und so in den festen politischen Sprachgebrauch eingegangen wie das Jahr 1968. Glaubt man denen, die damals dabei waren (und die man heute deswegen mittlerweile mit einem Mix aus Ehrfurcht und Spott Alt-68er nennt), so handelte es sich in dieser Zeit um die größte politische Umbruchphase der Republik. Die Jugend hatte die Nase voll vom konservativen Adenauer-Deutschland und konnte sich nur schwer damit arrangieren, dass immer noch ehemalige Nationalsozialisten führende Ämter im Nachkriegsdeutschland bekleideten. Sie begehrten gegen die etablierten Strukturen auf. Man suchte nach einer neuen, nach einer revolutionären Gesellschaftsordnung und lugte dabei unverhohlen auch über den Eisernen Vorhang. Die Bandbreite war groß. Auf der einen Seite waren die fröhlich-flippigen Hippies, die Hasch rauchten und in Kommunen lebten. Auf der anderen Seite etablierte sich eine recht radikale sozialistische Bewegung, die unter dem Namen APO, also Außerparlamentarische Opposition, für Aufsehen sorgte.

Die Erfolge der 68er stehen außer Frage: Die verkrusteten und ziemlich reaktionären Strukturen der Adenauer-Ära wurden dauerhaft aufgebrochen und führten zu einer Liberalisierung in Deutschland, die sich auch in einem politischen Umschwung abzeichnete. Denn im Zuge dieses Umbruchs war die Dominanz der christlichen Parteien Geschichte, und für viele Jahre kam die SPD an die Macht.

Auf der anderen Seite warf diese Bewegung allerdings auch ein terroristisches System aus, das weit über die 1970er-Jahre hinaus Deutschland in Atem halten sollte. Eine Gruppe von militanten und höchst gewalttätigen Terroristen versuchte, einen einsamen Krieg gegen die Demokratie in Deutschland zu führen. Unstrittig ist heute, dass weite Teile der 68er-Generation damals zu den erklärten Sympathisanten der Terroristen gezählt haben, und vereinzelt ist dort auch heute noch der höchst fragwürdige Versuch einer Rechtfertigung für den bewaffneten Kampf der RAF (Rote Armee Fraktion) zu vernehmen.

Rudi Dutschke, Idol, Gründer und Gallionsfigur der 68er

»Winds of Change«

Zeittafel

1990	Die Deutsche Einheit ist vollendet.
1991	Die UdSSR und der Warschauer Pakt lösen sich auf; erster Golfkrieg (Irak besetzt Kuwait); in Jugoslawien bricht der Bürgerkrieg aus
1992	In Somalia soll das UN-Militär gegen den Hunger kämpfen.
1993	Jelzin verhindert in Russland einen Putschversuch.
1994	Nelson Mandela wird in Südafrika erster frei gewählter Präsident.
1994	Die Tutsi werden in Ruanda Opfer des von den Hutu durchgeführten Völkermordes.
1995	Das Schengener Abkommen tritt in Kraft.
1997	Hong Kong, ehemals britische Kronkolonie, fällt zurück an China.
1998	Die Ära Kohl endet, Rot-Grün übernimmt die Regierung.
1999	Nato-Osterweiterung: Polen, Tschechien, Ungarn treten bei
1999	Nato-Krieg gegen Kosovo mit deutscher Beteiligung
2001	Terrorangriffe auf die USA
2002	Der Euro wird als Währung in Umlauf gebracht.
2003	Die USA greifen den Irak an.
2004	Zehn neue Mitgliedsstaaten treten der EU bei.
2005	Papst Johannes Paul II. stirbt, der deutsche Kardinal Ratzinger übernimmt als Benedikt XVI. das Amt.
2008	Barack Obama wird der erste afroamerikanische Präsident der USA.

Der Zusammenbruch des Ostblocks und die Auflösung des Warschauer Pakts stellten den letzten großen Umbruch der Weltgeschichte dar. Und diese Phase hat sogar ihre eigene Hymne bekommen: Die Ballade der Scorpions »Winds of Change« steht seitdem weltweit für den weitgehend friedlichen Umbruch, den wohl kaum einer so erwartet hatte. Aber selbstverständlich ist die Zeit seitdem nicht stehen geblieben.

In Deutschland fand das statt, was viele sich immer gewünscht hatten: die Wiedervereinigung. Es war eine wahrlich herkulische Aufgabe, auf einen Schlag 18 Mio. neue Bundesbürger in das Land, sein Rechts- und Sozialsystem und in seinen Arbeitsmarkt zu integrieren, und es war nicht minder einfach, eine ganze Volkswirtschaft, die zum Großteil marode war, zu privatisieren, also eigentlich zu verkaufen – aber beides hat funktioniert. Nach gut zwei Jahrzehnten kann man gelassen auf mittlerweile weitgehend gelöste Probleme zurückblicken, von denen man anfangs nicht genau wusste, ob und wie man sie wohl in den Griff bekommen sollte.

Aber nicht nur in Deutschland war Bewegung, auch weite Teile des Rests der Welt wurden neu gestaltet. Permanent entstanden auf dem Balkan oder in Zentralasien neue Staaten. Mitte der 1990er-Jahre geschah etwas bis dato Unvorstellbares: In Ex-Jugoslawien entbrannte ein grausamer Krieg um die Aufteilung eines

Bundeswehr

Eine früher wichtige Rolle des Staates ist die Verteidigung gegen Aggressoren. Wenn ein Land allerdings ausschließlich von Bündnispartnern umgeben ist (wie viele Länder in Europa), so ist die unmittelbare Bedrohung von außen gering. Daher hat hier in den vergangenen Jahren ein Umdenken weg von der Landesverteidigung und hin zum Einsatz in Krisengebieten stattgefunden. In Deutschland ist zwar der Bundeskanzler in Detailfragen oberster Befehlshaber, aber die grundsätzlichen Einsatzbefehle der Bundeswehr müssen vom Bundestag beschlossen werden.

nicht mehr funktionierenden Staates. Vor allem Serben und Kroaten begangen unfassbare Kriegsverbrechen, die in ihrer Brutalität zum Teil tatsächlich an die unsägliche Praxis der Nazis gemahnten.

Nach dem Wegfall des Kommunismus brauchten westliche Politiker und Militärs ein neues Feindbild, von dem man sich abgrenzen und gegen das man sich auch verteidigen musste. Und spätestens nach den Anschlägen vom 11. 09. 2001 auf die USA war klar, wie das auszusehen hatte: Islamistische Terroristen und auch deren Unterstützer, die gern in ihren Heimatländern in aufstandsähnlichen Kundgebungen Stoffpuppen oder auch Flaggen anzündeten, erwiesen dem Islam einen Bärendienst, indem sie der Welt an der friedlichen muslimischen Masse vorbei ein weniger liebenswertes Gesicht präsentierten.

Ein paar nationale Probleme gönnt man sich in Deutschland noch, vorwiegend in der Finanzierbarkeit des Sozialsystems angesiedelt und in seiner Spezialform »demografischer Wandel« dazu geeignet, tatsächlich ernsthafte Diskussionen um unsere Zukunft anzustoßen. Aber der Großteil der Probleme ist so supranational strukturiert, dass man die Problemlösung gern der EU oder gleich der ganzen Welt überträgt und somit die Verantwortung ganz bequem mit vielen anderen teilen kann. Beispiele: Globalisierung, Klimawandel, Rohstoffmangel – alles unglaublich wichtige Themen, aber die verantwortlichen Politiker argumentieren gern so: »Das ist zweifellos ein zentrales Thema, aber da werden wir international zu einer gemeinsamen Lösung kommen müssen, um für das Wohl der Menschen in unserem Land …«.

Bundespräsidenten (und somit Staatsoberhäupter) der Bundesrepublik Deutschland

Theodor Heuss (FDP) 1949–1959
Heinrich Lübke (CDU) 1959–1969
Gustav Heinemann (SPD) 1969–1974
Walter Scheel (FDP) 1974–1979
Karl Carstens (CDU) 1979–1984
Richard von Weizsäcker (CDU) 1984–1994
Roman Herzog (CDU) 1994–1999
Johannes Rau (SPD) 1999–2004
Horst Köhler (CDU) seit 1. Juli 2004

Bundeskanzler (und somit Regierungschefs) der Bundesrepublik Deutschland

Konrad Adenauer (CDU) 1949–1963
Ludwig Erhard (CDU) 1963–1966
Kurt Georg Kiesinger (CDU) 1966–1969
Willy Brandt (SPD) 1969–1974
Helmut Schmidt (SPD) 1974–1982
Helmut Kohl (CDU) 1982–1998
Gerhard Schröder (SPD) 1998–2005
Angela Merkel (CDU) seit 2005

Staatsratsvorsitzende (und somit Staatsoberhäupter) der Deutschen Demokratischen Republik

Walter Ulbricht 1960–1973
Willi Stoph 1973–1976
Erich Honecker 1976–1989
Egon Krenz 1989
Manfred Gerlach 1989–1990

Ministerpräsidenten bzw. Vorsitzende des Ministerrats (also Regierungschefs) der Deutschen Demokratischen Republik

Otto Grotewohl 1949–1964
Willi Stoph 1964–1973
Horst Sindermann 1973–1976
Willi Stoph 1976–1989
Hans Modrow 1989–1990
Lothar de Maizière 1990

Regierungsformen dieser Welt

Es ist schon bemerkenswert. Zurzeit gibt es auf der Welt ca. 200 souveräne Staaten, aber wenn es darum geht, die unterschiedlichen Regierungsformen einander gegenüberzustellen, so ist das gar nicht so schwer. Nur eine gute Handvoll spielt eine wirklich nennenswerte Rolle. Und das liegt weniger an der Einfallslosigkeit der Menschen, sondern vielmehr daran, dass sich im Laufe der Zeit schlicht und ergreifend ein paar Erfolgsmodelle herausgebildet haben und ein paar veraltete Systeme sich irgendwie über die Zeit retten konnten. Hinzu kommt, dass die aus der Auflösung des Ostblocks, der Sowjetunion und des ehemaligen Jugoslawien hervorgegangenen neuen Staaten ziemlich genau wussten, was sie wollten beziehungsweise was nicht. Das hat dazu beigetragen, dass in den vergangenen zwei Jahrzehnten ein regelrechter Boom zugunsten der demokratischen Regierungsformen stattgefunden hat. Aber nichtsdestotrotz gibt es auf dieser Welt noch andere Systeme, und auch unter den nichtdemokratischen gibt es vereinzelt erfolgreiche und nicht unbedingt übermäßig menschenverachtende Konzepte.

Regierungsformen dieser Welt

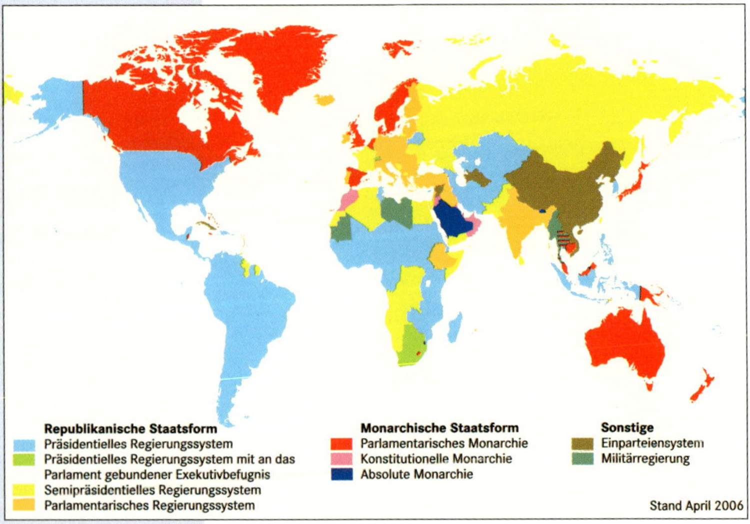

Die demokratischen Regierungsformen unterteilt man in das präsidentielle und in das parlamentarische System und das parlamentarische System zusätzlich in die republikanische und die monarchische Variante.

Bei den autokratischen Regierungsformen findet man die Militärdiktatur, das Ein-Parteiensystem und die nichtparlamentarische und somit absolute Monarchie.

»Eine gute Regierung ist wie eine geregelte Verdauung; solange sie funktioniert, merkt man von ihr kaum etwas.«
Erskine Caldwell (1903–1987), amerikanischer Schriftsteller

Das präsidentielle Regierungssystem

Das herausragende Merkmal des präsidentiellen Regierungssystems ist die Tatsache, dass der Regierungschef (und somit auch die von ihm gebildete Regierung insgesamt) nicht oder nur in geringem Maße vom gewählten Parlament abhängig ist. Darüber hinaus werden hier die Funktionen des Regierungschefs und des Staatsoberhaupts von einer Person ausgeübt, was diese Figuren relativ mächtig macht.

Zu bedenken ist, dass in einer präsidentiellen Demokratie der Präsident unmittelbar vom Volk gewählt wird, und das ist in der politischen Bedeutung nicht zu unterschätzen. Denn das beinhaltet in logischer Umkehr, dass er nicht, wie zum Beispiel der Bundeskanzler in einer parlamentarischen Demokratie, vom Parlament gewählt wird. Und wenn er nicht vom Parlament gewählt wird, dann muss er sich ihm gegenüber auch nicht verantworten und kann auch von ihm nicht ohne Weiteres abgesetzt werden.

Da allerdings auch hier die Gesetze selbstverständlich, wie in jeder Demokratie, vom Parlament beschlossen werden, kann die Unabhängigkeit dieser beiden Organe voneinander auch für Probleme sorgen. Denn stammt der Präsident aus dem einen Lager und verfügt die andere Partei im Parlament über eine Mehrheit, dann kann das Regieren ziemlich schwierig werden.

Am besten kann man die Wirkungsmechanismen dieses Regierungssystems verstehen, wenn man es anhand konkreter Beispiele im Detail betrachtet. Die wichtigsten demokratischen Staaten der Welt, die auf diese Art geleitet werden, sind die USA, Frankreich und Russland.

Die USA

Die USA nehmen unter den demokratischen Ländern dieser Welt in verschiedener Hinsicht eine besondere Rolle ein. Zum einen muss man die Tatsache berücksichtigen, dass dieses Land die älteste parlamentarische, nichtmonarchische Demokratie der Welt ist, die über mehr als zwei Jahrhunderte nie wirklich in Gefahr war. Das sollte man bei aller Kritik, die man diesem Land so gern zuteilwerden lässt, anerkennend im Gedächtnis behalten. Selbst wenn es natürlich einschränkend zu berücksichtigen gilt, dass die afrikanischen Sklaven über lange Zeit über keinerlei Menschenrechte verfügten und ihre Nachfahren erst in der zweiten Hälfte des 20. Jahrhunderts zu annähernd gleichberechtigten Bürgern wurden.

Auch in den USA gab und gibt es eindeutig faschistoide Tendenzen, die man, wenn man sie schon nicht akzeptieren, so doch wenigstens erklären kann. Zur Zeit des Zweiten Weltkriegs wurden willkürlich Japaner sowie japanischstämmige Amerikaner in Gefangenenlagern interniert, um so einer tatsächlichen oder auch vermeintlichen Bedrohung durch Sabotageakte vorbeugen zu können.

In der Nachkriegszeit, der sogenannten McCarthy-Ära, wurde eine ans Paranoide grenzende Kommunistenhatz ausgerufen, die vor allen Dingen unter Intellektuellen und Künstlern wütete und dort für Angst und Schrecken sorgte. Eines der größten Filmgenies aller Zeiten, Charlie Chaplin, wurde im Zuge der gegen ihn geäußerten Anschuldigungen, er würde mit den Kommunisten sympathisieren, aus dem Land vergrault und kehrte nie wieder zurück.

Auch bezüglich der Gegenwart beziehungsweise jüngsten Vergangenheit steht völlig außer Frage, dass in der Grauzone zwischen gefühlter und realer Bedrohung durch islamistische Gotteskrieger sowohl demokratische Grundrechte wie auch das international anerkannte Völkerrecht bewusst mit Füßen getreten werden.

Ein weiteres herausragendes Merkmal ist, dass das vorhandene politische System dort annähernd genauso alt ist wie das Land selbst. Denn die USA können nicht, wie fast alle anderen Länder der Welt, auf eine Tausende Jahre alte und somit zwangsläufig wechselhafte Geschichte zurückblicken. D. h., sie *könnten* schon, wenn die Ureinwohner Amerikas nicht systematisch ausgerottet oder vollständig entrechtet worden wären und nur noch als Gäste im eigenen Land geduldet werden. Aber es kam anders, und die Etablierung des Staates fand zeitgleich mit seiner Gründung statt; man konnte somit quasi bei null beginnen. Und die in Europa herrschenden Monarchien lieferten den Einwanderern das genaue Gegenmodell, wovon es sich so gut wie möglich abzugrenzen galt: *Das* wollte man nun wirklich nicht, hier wurde von Beginn an auf Demokratie gesetzt.

Der Apachenhäuptling Geronimo hätte als Experte für das Originäre einer der Gründerväter der Neuen Welt sein können, aber es kam anders.

Daher verfügt dieses Land über einen ausgeprägten und für Außenstehende ziemlich gewöhnungsbedürftigen, weil bedrohlich wirkenden Patriotismus. Der richtet sich aber, auch wenn man oft vielleicht einen anderen Eindruck bekommt, im Kern nach innen und soll den Einwanderern früher wie heute den Neuanfang signalisieren und eine diesbezügliche Einheit repräsentieren.

Politisch gesehen herrscht in den USA traditionell ein Zwei-Parteiensystem vor. Alle Wahlen entscheiden sich grundsätzlich zwischen den Demokraten und den

Republikanern. Andere politische Strömungen gibt es zwar, aber diese spielen – nicht zuletzt auch wegen des Wahlsystems – nur eine untergeordnete Rolle.

Die gesetzgebende Kraft, der Kongress, setzt sich aus zwei unterschiedlichen Kammern zusammen. Auf der einen Seite steht das Repräsentantenhaus, in dem 435 Abgeordnete vertreten sind, die ähnlich wie im Deutschen Bundestag flächendeckend und repräsentativ gewählt werden. Die großen und einwohnerstarken Staaten entsenden folglich mehr Abgeordnete als die kleinen.

Da aber seit der Gründung der USA die kleineren Staaten Angst davor hatten, von den großen dominiert zu werden, wurde noch eine zweite Kammer eingeführt: der Senat. Jeder Bundesstaat, ob das kleine Alaska mit seinen 670.000 oder das große Kalifornien mit seinen 34 Millionen Einwohnern, entsendet in dieses Gremium zwei gewählte Senatoren. Das Besondere dabei: Jedem Gesetz, das in Kraft treten soll, muss in beiden Kammern mehrheitlich zugestimmt werden.

Die dominante und herausragende Person dieses Landes ist zweifellos der Präsident. Dieser vereint drei wichtige Ämter in Personalunion: Er ist zugleich Staatsoberhaupt, Regierungschef und Oberbefehlshaber der Streitkräfte. Er kann in allen Fragen der Exekutive und vor allem in Personalfragen nahezu vollkommen frei

Das Weiße Haus, Residenz des US-Präsidenten – Hort der Demokratie und/oder Königspalast?

entscheiden. Das macht ihn, dies wird ja auch häufig thematisiert, zu einem sehr mächtigen Menschen.

Er wird direkt vom Volk gewählt, und das nach einem eigenartigen Wahlsystem. Zuerst einmal finden Vorwahlen statt, eine Einrichtung, die weltweit ohne nennenswerte Entsprechung ist. So kann das Volk entscheiden, welcher Kandidat von den beiden Parteien als Spitzenkandidat für die Präsidentschaftswahl eingesetzt wird.

Der Präsident wird dann von sogenannten Wahlmännern gewählt, und jeder Bundesstaat entsendet diese entsprechend der Anzahl der Summe aller Sitze im Repräsentantenhaus und im Senat. Die Besonderheit an diesem Wahlsystem nennt der Amerikaner »the winner takes it all«: Der Kandidat, der in einem Staat die Mehrheit erzielt, egal ob 50,01 % oder 99,8 %, bekommt die Stimmen aller von dort zu entsendenden Wahlmänner. Der Verlierer geht komplett leer aus. Hinzu kommt, dass in einem Großteil der Staaten zu Beginn der heißen Phase des Wahlkampfs ohnehin die Mehrheitsverhältnisse relativ stabil sind. Von besonderem Interesse somit sind die unentschlossenen Staaten, die sogenannten Swing-States. Dort konzentriert sich dann vor allem in den größeren das Engagement der Wahlkämpfer, und man darf davon ausgehen, dass auch zukünftig dort die Wahlen entschieden werden.

Aber die Macht des Präsidenten ist nicht nur auf die Exekutive beschränkt, denn in der Legislative steht ihm obendrein ein Veto-Recht zu. Wann immer ein Gesetz beschlossen werden soll, und auch wenn beide Kammern des Kongresses zugestimmt haben, kann es der Präsident trotzdem durch sein Veto kippen. Und dieses Veto kann dann wiederum nur durch eine Zwei-Drittel-Mehrheit im Senat und ebenfalls im Repräsentantenhaus wieder geknackt werden.

Alles in allem kann sich der US-amerikanische Präsident also auf eine komfortable Machtposition verlassen. Wie immer, wenn es um die Demokratie geht, stehen sich dort die beiden elementar miteinander konkurrierenden Interessen gegenüber. Der Vorteil: Die US-Regierung ist überproportional handlungsfähig. Der Nachteil: Ein Mensch mit einer derartigen Machtfülle ist natürlich nur schwierig zu kontrollieren. Hinzu kommt, dass er nicht ohne Weiteres von den gesetzgebenden Organen abzusetzen ist, allenfalls durch ein sogenanntes Amtsenthebungsverfahren könnte er gestürzt werden. Aber dass das gelingt, ist, wie die Erfahrungen zeigen, höchst unwahrscheinlich.

Frankreich

Kaum ein Volk geht so offensiv mit seinem eigenen politischen Lernprozess um wie die Franzosen. Offiziell bezeichnet sich Frankreich heutzutage als Fünfte Republik. Und das resultiert daraus, dass die demokratischen Gehversuche seit dem Revolutionsjahr 1789 bereits vier gescheiterte Verfassungen hervorgebracht haben. Nichtsdestotrotz scheint das nun eingeführte System recht stabil zu sein, denn es befindet sich bereits im sechsten Jahrzehnt.

Frankreich gehörte viele Hundert Jahre zu den europäischen Supermächten und fühlt und geriert sich auch heute noch wie eine. Die politische Vergangenheit sorgte für zahlreiche kriegerische Auseinandersetzungen mit den beiden Erzfeinden England und Deutschland. Die Probleme mit den Briten liegen schon länger zurück, denn als es galt, in den beiden Weltkriegen gegen Deutschland zu kämpfen, verbündete man sich.

Frankreich spielt in vielerlei Hinsicht eine besondere Rolle in der Welt. Zum einen ist man eines der fünf ständigen Mitglieder des Uno-Sicherheitsrats. Das bedeutet: Frankreich steht das Recht zu, gegen sämtliche Beschlüsse dieses wichtigen Weltgremiums ein Veto einzulegen. Frankreich ist Atommacht, was zumindest in den Neunzigerjahren noch ein Thema war, als in der Südsee völlig unbeeindruckt von öffentlichen

Protesten ein paar Südsee-Atolle durch Atomwaffentests zerlegt wurden.

Das Mururoa-Atoll: Die Franzosen nutzen die Inseln ihrer Kolonie in Polynesien für Atombombentests.

Zwar war Frankreich im Jahr 1949 Gründungsmitglied der Nato, aber da Charles de Gaulle sich in diesem Bündnis den Amerikanern nicht unterordnen wollte, wurde die Kooperation 1966 auf Eis gelegt. Erst im Jahre 1995 fand Frankreich durch den Jugoslawien-Konflikt wieder zurück in die Nato, allerdings nur auf politischer Ebene. Alles deutet jedoch darauf hin, dass auch eine militärische Integration kurz bevorsteht.

Auch in Frankreich herrscht ein ausgeprägter Patriotismus. Wie stark der sich äußert, wird zum Beispiel darin deutlich, dass der eigentlich von den Franzosen (sogar zweimal) verbannte Kaiser Napoleon I., der ganz Europa mit seinen Kriegen überzog, dort noch heute als Nationalheld verehrt wird.

Das politische System in Frankreich wird gemeinhin als semipräsidentielles System bezeichnet, und das bedeutet im direkten Vergleich zu den USA Folgendes: Diese Länder, zu denen zum Beispiel auch Russland gehört, werden durch eine Doppelspitze regiert. Der Präsident wird direkt vom Volk gewählt, ist aber stärker als im rein präsidentiellen System vom Parlament abhängig. Denn der französische Präsident ernennt zwar offiziell den Regierungschef, den sogenannten Premierminister. Dieser kann aber sowohl vom Präsidenten wie auch vom Parlament durch ein Misstrauensvotum entlassen werden. Das macht dieses Amt für den Inhaber nicht besonders leicht, denn er muss sowohl dem Präsidenten als auch dem Parlament gerecht werden und dient so als Moderator zwischen diesen Institutionen. Somit ist die gesamte Regierungstätigkeit deutlich weniger autonom, als sie es im reinen präsidentiellen System ist.

Im Vergleich zu den Regierungschefs in den parlamentarischen Demokratien ist der Präsident aber dort wesentlich mächtiger. So hat der französische Präsident gegenüber der Nationalversammlung ein aufschiebendes Veto-Recht und kann auf diese Weise das Inkrafttreten von Gesetzen wenigstens vorübergehend verhindern. Er ist der alleinige Oberbefehlshaber der Streitkräfte und faktisch keinerlei juristischer Kontrolle unterlegen.

Wie auch in den USA ist es durch die Direktwahl des Präsidenten möglich, dass dieser gegen eine Mehrheit der gegnerischen Partei im Parlament regieren muss. In Frankreich wird diese Besonderheit mit dem Begriff »Cohabitation« (Zusammenleben) bezeichnet. In einem solchen Fall ist es Usus, dass das Amt des Ministerpräsidenten durch einen Politiker besetzt wird, der dem gegnerischen Lager, also der Mehrheitspartei in der Nationalversammlung, entstammt. So musste in der Zeit zwischen 1986 und 1988 der sozialistische Staatspräsident Mitterrand gemeinsam mit dem bürgerlichen Premierminister Jacques Chirac regieren. Der durfte dann, als er zum Präsidenten gewählt wurde, dieses Experiment seitenverkehrt wiederholen, als er den Sozialisten Lionel Jospin zum Premierminister machen musste.

Russland

Der Staat Russland ist noch immer eng mit dem Begriff Kommunismus verknüpft, obwohl sich die Welt in den letzten zwei Jahrzehnten im Allgemeinen und in Russland im Besonderen stark verändert hat: Russland ist demokratisch geworden, zumindest wesentlich demokratischer als in den Jahrzehnten des Kalten Krieges.

Doch Russland hatte in den 1990er-Jahren einige Probleme zu bewältigen. Ein wenigstens zum Ende seiner Amtszeit hin sichtlich gezeichneter Präsident Jelzin hinterließ den Eindruck, dass Russland seinen Weg noch nicht wirklich gefunden hatte. Neben zahlreichen wirtschaftlichen und politischen Problemen, sogar ein ernstzunehmender Putschversuch war darunter, musste die ehemalige Weltmacht in dieser Phase auch zahlreiche außenpolitische Demütigungen hinnehmen. So zum Beispiel den Nato-Krieg gegen das ehemals ziemlich verbundene Serbien oder die Vorbereitung und dann auch Durchführung der Aufnahme fast aller ehemaliger Ostblockstaaten in Nato und EU. Mit den baltischen Staaten gingen diesen Weg sogar souveräne Länder, die zuvor Bestandteil der Sowjetunion waren. Um solche tatsächlichen oder vermeintlichen Bedrohungen oder Erniedrigungen zukünftig auszuschließen, strebt dieses mit Abstand größte Land der Erde allmählich wieder zurück dahin, wo es einmal war: nämlich in die Position einer Großmacht, die sich mindestens auf Augenhöhe mit den USA befindet. Die enormen Energieressourcen und die Macht der gigantischen russischen Staatskonzerne scheinen nahezu unbegrenzt. Und niemand weiß genau, wie stabil die demokratischen Strukturen zu bewerten sind und ob man Angst vor diesem Staat haben muss.

Die Unsicherheiten werden nicht kleiner, wenn man sich die politischen Rahmenbedingungen einmal genauer anschaut. Russland ist offiziell ein semipräsidentielles System wie Frankreich, ist aber bei genauerem Hinsehen deutlich mehr »präsidentiell« als »semi«. Die Parallelen: Der Präsident wird auch direkt vom Volk gewählt, und das Land wird ebenso von einer Doppelspitze Präsident und Premierminister regiert.

Die gesetzgebende Kraft, die Föderationsversammlung, besteht ähnlich wie in den USA aus zwei Kammern, zum einen aus der Staatsduma, deren Abgeordnete direkt vom Volk gewählt werden, zum anderen aus dem Föderationsrat, in dem, ähnlich unseren Bundesländern, die Vertreter der 83 Verwaltungseinheiten sitzen. Die Gouverneure, also die Machthaber dieser regionalen Verwaltungseinheiten, die im Föderationsrat sitzen, ernennt jedoch, das ist die Besonderheit, der Präsident. Er bestimmt somit allein über die vollständige Zusammensetzung einer von beiden Kammern, deren Mitglieder den Gesetzen zustimmen müssen. Wie weitreichend sich dies auswirkt, zeigt sich darin, dass der Föderationsrat gegen die Beschlüsse der Duma ein Veto einlegen kann, welches dann wiederum nur mit einer Zwei-Drittel-Mehrheit der Duma überstimmt werden kann. So hat der Präsident Einfluss auf die Gesetzgebung und kann sogar ganz allein ein Veto einlegen; das Veto des Präsidenten kann nur mit einer Zwei-Drittel-Mehrheit in Duma *und* Föderationsrat aufgehoben werden. Da aber der Präsident die Zusammensetzung des Föderationsrats bestimmt, ist dieser Fall eher unwahrscheinlich.

Wie mächtig dieser Mix aus Wirtschaft, Politik und Medienmacht ist, belegt eine hochinteressante Rochade, die im Jahr 2008 stattfand. Wladimir Putin durfte, nachdem er bereits zweimal für vier Jahre als Präsident gewählt worden war, für dieses Amt nicht erneut kandidieren. Er jedoch wollte an der Macht bleiben, und besprach sich mit seinen beiden Mitregierenden, dem Premierminister Wiktor Subkow und dessen Stellvertreter Dmitri Medwedew. Man beschloss, dass jeder einfach einen Stuhl weiterrutscht: Nun ist Medwedew Präsident, Putin »sein« Premierminister und Subkow Putins Stellvertreter im Amt des Premierministers. Obendrein erzielte Putins Partei bei den letzten Wahlen zur Staatsduma eine Zwei-Drittel-Mehrheit. Zwar darf man davon ausgehen, dass die Wahlen im technischen Sinne einwandfrei waren, Kritiker bemängeln aber schon seit Längerem die relativ starke Einschränkung der Pressefreiheit in Russland. Neben direkten Anfeindungen von regierungskritischen Journalisten (eine von ihnen, Anna Politowskaja, ist sogar unter bislang nicht geklärten Umständen ermordet worden) ist es ein offenes Geheimnis, dass die enorme wirtschaftliche Macht der Staatsfirmen wie Yukos und Gazprom allein über die Verteilung der Werbegelder enormen

In direkter Nachbarschaft zur Basilius-Kathedrale befindet sich mit dem Erlöserturm auf dem Roten Platz in Moskau der ehemalige Zugang zum Kreml. Das märchenhaft anmutende Ensemble galt im Westen über viele Jahrzehnte als Trutzburg des Bösen.

Einfluss auf die Berichterstattung der Medien nehmen kann und regierungskritische Medien so an den Rand der Existenz gedrängt werden. Und eben jene Kritiker gehen davon aus, dass auf diese Art und Weise erheblicher Einfluss auf die Freiheit der Wahlen in Russland genommen wird.

Abgrenzung zur Diktatur

Die Grenzen des präsidentiellen Regierungssystems zur Diktatur sind fließend, sowie diktatorische Strukturen auch in unterschiedlicher Dichte in einem Land vorhanden sein können. Fast alle südamerikanischen Staaten werden durch das präsidentielle System regiert, auch in Afrika und Zentralasien dominiert diese Staatsform. Ausgangspunkt ist wie auch bei den zuvor beschriebenen drei westlich orientierten Beispielen immer die Figur eines starken und mit weitreichenden Kompetenzen ausgestatteten Präsidenten. Auch wenn häufig Parlamente vorhanden sind, so neigen die an der Grenze zur Diktatur stehenden Länder wie zum Beispiel Kasachstan, Weißrussland, die Demokratische Republik Kongo und Angola vielmehr dazu, die Befugnisse des Parlaments außer Kraft und die Opposition sowie die Medien massiv unter Druck zu setzen. Begründet wird dies meist mit politischen oder wirtschaftlichen Ausnahmesituationen, in Afrika kommen die zahlreichen Bürgerkriege hinzu. Es bleibt also festzuhalten, dass ein Großteil der offiziell als präsidentielle Republik bezeichneten Staatsformen vor allem in Zentralasien und Afrika eigentlich die klassischen Merkmale einer Diktatur aufweisen.

Ein besonders aufsehenerregendes Modell praktiziert der venezolanische Präsident Hugo Chávez. Seine Regierungsform, die offensichtlich auf breite Zustimmung im Volk trifft, benennt er selbst als bolivianische Revolution, angelehnt an den südamerikanischen Freiheitskämpfer Simón Bolívar (1783–1830). Sein Ziel ist es, seine Gesellschaft vor den Bedrohungen des Neoliberalismus zu schützen und durch die Einführung sozialistischer Strukturen die Armut im Volk zu bekämpfen. Die expressive Persönlichkeit von Chávez und sein Hang zu überdeutlichen Äußerungen vor allem an die Adresse der Vereinigten Staaten bescherten ihm weltweit ein besonders hohes Medienecho. Offensichtlich scheint seine Arbeit aber von Erfolg gekrönt, denn auch wenn er im Jahr 2002 einen Putsch abwenden musste, so scheint er in seinem Land doch auf eine breite, demokratisch gefestigte Zustimmung zu treffen und fest im Sattel zu sitzen.

Im 21. Jahrhundert gilt die politische Faustformel: Wo das Öl sprudelt, braucht man auf Diplomatie, Bescheidenheit und Zurückhaltung nicht so viel Wert zu legen. Und kaum jemand lebt diese Regel so konsequent aus wie Venezuelas Präsident Hugo Chávez.

Die Situation in Afrika

Afrika ist ein gebeutelter Kontinent. Die Probleme, an denen dieser Erdteil leidet, sind so groß, dass sie kaum in den Griff zu bekommen sind.

Eines vorneweg: Ein großes kommunikatives Problem, wenn über Afrika gesprochen wird, sind die gut gemeinten Verhaltensregeln, die eine pseudoethische Grundhaltung namens »Political Correctness« vorgibt. Wann immer über die Defizite der afrikanischen Politik, Wirtschaft und Gesellschaft gesprochen wird, ist die Gefahr groß, dass demjenigen, der die Schuld auch bei den Afrikanern sucht, rassistisches Gedankengut unterstellt wird. Aber wichtig ist, wenn die Probleme gelöst werden sollen, sich von diesen lästigen Sprachregelungen zu befreien, um die Probleme möglichst offen und vollständig darstellen zu können.

Fakt ist: Afrika war noch in den 1950er-Jahren fast vollständig in der Hand europäischer Kolonialherren. Und das Prinzip des Kolonialismus beinhaltete, dass die so beherrschten Länder mit aller Macht klein gehalten werden, abhängig vom Mutterstaat bleiben und auf ihre Rolle als billiger Rohstofflieferant reduziert bleiben sollten. Der Kolonialismus in Afrika hatte eine besonders dramatische Auswirkung, indem die europäischen Staaten willkürlich Grenzen zogen und so unterschiedliche und oft verfeindete Stämme in einem künstlich ins Leben gerufenen Land zu einer nicht funktionierenden Einheit zusammenpferchten. Als dann ab den 1960er-Jahren die Länder teils freiwillig, teils gezwungenermaßen in die Unabhängigkeit entlassen wurden, fingen die Probleme, die aus der weitgehenden Unselbstständigkeit sowie den ethnischen Konflikten herrührten, erst richtig an. Noch heute sind zahlreiche Länder von Bürgerkriegen zerrissen, und der gigantische Völkermord im Jahre 1994 in Ruanda, als die Angehörigen der Hutu bestialische Verbrechen an der Volksgruppe der Tutsis begangen, war nur ein trauriger Höhepunkt.

Man würde gerne sagen, es sei unerklärlich, was in Ruanda stattgefunden hat. Aber das stimmt nicht, denn es ist ganz einfach: Die Hutu haben sich wie Bestien aufgeführt, und die Welt, allen voran die Uno hat einfach weggesehen – eine Schande.

Aber die Probleme, die Afrika hat, können nicht ausschließlich auf die Herkunft aus dem Kolonialismus beschrieben werden, denn auch viele asiatische Staaten mussten dieses Schicksal erleiden und haben sich in der Vergangenheit wesentlich besser und teilweise mit enormem Erfolg politisch, gesellschaftlich sowie ökonomisch organisiert.

Die Diskussion um Afrika wird immer wieder davon bestimmt, dass, so behaupten viele Freunde dieses Kontinents, nur die Nachteile und dramatischen Bilder von Hunger-Katastrophen und Bürgerkriegen den Weg in die Medien finden und die Erfolge dieses Kontinents nicht ausreichend dargestellt werden.

Dem gegenüber stehen allerdings knallharte Fakten, die die Rückständigkeit dieses Kontinents in nahezu allen wichtigen gesellschaftlichen, politischen, ökonomischen und humanitären Dimensionen eindeutig belegen. Nur 1,3 % der Weltwirtschaftsleistung wird in Afrika erbracht, und das, obwohl dort 14 % Prozent der Weltbevölkerung leben. 70 % aller Aids-Kranken sind Afrikaner, und in vielen Landstrichen ist eine Erkrankung von weit über 25 % der Bevölkerung keine Ausnahme. Auch wenn häufig die hohen Preise für Aids-Medikamente der westlichen Pharmakonzerne und das Kondomverbot der katholischen Kirche als Gründe hervorgehoben werden, so kann dies doch nicht allein die enorme Infektionsrate erklären. Vielmehr scheint dieses Problem auch auf einem Mix unterschiedlicher mentaler Eigenschaften der Betroffenen zu basieren: Welchen Einfluss Desinteresse, Leichtsinn, Unwissenheit oder Sturheit auf dieses Phänomen nimmt, sei dahingestellt. Fakt ist, dass die Afrikaner die Hauptverantwortung für diese so unnötige wie dramatische humanitäre Katastrophe selbst übernehmen müssen.

Und neben Aids gibt es mit der Malaria eine weitere existenzielle Bedrohung der afrikanischen Menschen. Diese Krankheit gilt als der größte Killer aller Zeiten; über die gesamte Geschichte der Menschheit ist, so haben es Forscher errechnet, jeder Dritte an Malaria gestorben. In diesem Zusammenhang wird den Pharmaunternehmen immer wieder vorgeworfen, ihre Forschung nicht oder nicht in ausreichendem Maße auf diese Krankheit zu fokussieren, denn sie beherrscht überwiegend bettelarme Entwicklungsländer, in denen mit teuren Medikamenten kein ausreichender Umsatz generiert werden kann.

Aids-Patientin in Afrika: Die Verseuchung des Kontinents ist kein rassistisches Klischee, sondern traurige Realität.

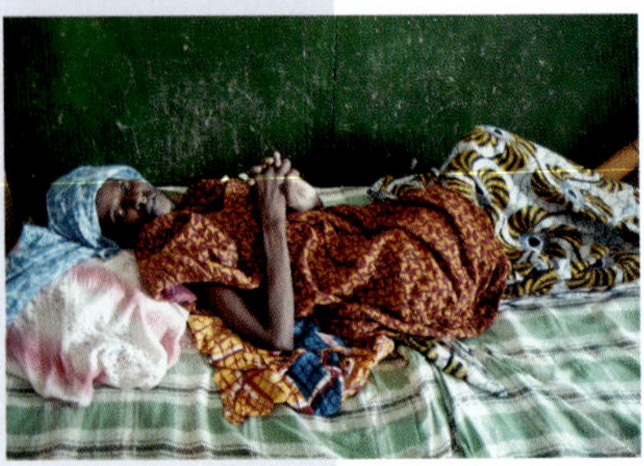

Es gibt jedoch auch Länder, die aus dem Elend herausragen. Nimmt man als Beispiel Ghana, einen der zentralafrikanischen Vorzeigestaaten, so erkennt man zweierlei: Ghana weist eine durchschnittliche Wachstumsrate von 4 bis 6 % pro Jahr aus und verfügt über eine für Afrika sensationell niedrige Inflationsrate im einstelligen Bereich. Mehr als ein Drittel des gesamten Bruttoinlandsproduktes wird durch Dienstleistungen erbracht, unter anderem werden in ghanaischen Unternehmen die Parkknöllchen von New York bearbeitet. Andererseits liegt die Analphabetenrate auch dort noch immer bei 42 %, und rund 10 Millionen Menschen, das sind 45 % der Bevölkerung, leben von einem Einkommen von unter einem US-Dollar pro Tag.

Ein zentrales Problem in Afrika ist vor allem die ausufernde Korruption. Wer in Afrika an die Macht gelangt oder eine mächtige Position einnimmt, füllt in der Regel zuerst seine eigenen Taschen. Das führt dazu, dass das Volk ausblutet. Die schlechte Infrastruktur, die politische Instabilität und das vergleichsweise katastrophale Bildungsniveau der breiten Massen tun ein Übriges, um Investoren der produzierenden Industrie von diesem Kontinent konsequent fernzuhalten.

Afrika ist ein besonders rohstoffreicher Kontinent – ein teuflischer Segen. Denn rohstoffreiche Länder konzentrieren sich voll und ganz darauf, diese Ressourcen – nur zu oft in völliger Abhängigkeit westlicher Konzerne – abzubauen und vernachlässigen dadurch nicht nur lukrativere und anspruchsvollere Wirtschaftsreformen, sondern verzichten auch, teilweise bewusst, auf die Einrichtung funktionierender Bildungsstrukturen. Denn die Minenarbeiter sollen nicht nach Höherem streben.

Offensichtlich gibt es einen evidenten Zusammenhang zwischen dem Rohstoffreichtum eines Landes und der Missachtung der Menschenrechte durch autoritäre Regime. Betrachtet man die 26 größten Rohstoffexporteure der Welt, so ist in diesem für die Weltwirtschaft elementar wichtigen Kreis Norwegen das einzige Land, das von einer parlamentarischen Demokratie nach westlichem Muster regiert wird. Einige der anderen Länder stehen an der Schwelle zur Autokratie, wie beispielsweise Russland, und der Großteil gehört zu den Ländern, die oft zwar offiziell von einem mehr oder weniger gewählten Präsidenten regiert werden, faktisch aber der Diktatur zuzuordnen sind.

Ist es ein Zufall, dass die Bemühungen der Demokratieexporteure überwiegend auf Länder reduziert sind, die nicht ausschließlich Rohstoffproduzenten sind? Die Kooperation mit autoritären Regimen, die die Welt mit Kupfer, Mangan, Gold und Öl versorgen, ist scheinbar bequemer: Diese können nämlich relativ einfach dafür sorgen, dass die Rohstoffe dahin gelangen, wo sie gebraucht werden und dass das Land und seine Einwohner sich darauf konzentrieren, diese kostengünstig zu fördern. Menschenrechte, höhere Bildung oder Arbeitsschutzrichtlinien sind da nicht nur überflüssig, sondern sogar tendenziell hinderlich.

Rohstoffe: Fluch oder Segen? Minenarbeiter in Afrika

Vor allem China spielt auf dem afrikanischen Rohstoff-Markt eine herausragende Rolle und beeinflusst diesen Kontinent dahingehend, dass den diktatorischen Machthabern in Peking die Regierungsform des Kooperationspartners völlig egal ist. Versucht der Westen, despotische Herrscher wie Simbabwes Robert Mugabe mit Sanktionen zu belegen, kommt dies China sehr gelegen, weil dann der Markt von lästiger westlicher Konkurrenz befreit ist. Und versucht der UN-Sicherheitsrat, Sanktionen gegen ein mit China kooperierendes Land zu verhängen, so legen die Asiaten kurzerhand ein Veto ein und verhindern so den internationalen Druck auf die Diktatoren – ein Gefallen, den sie sich natürlich mit dem Abschluss günstiger und langfristiger Lieferverträge honorieren lassen.

Ein weiteres Problem für Afrika sind die gut gemeinten Hilfsleistungen der westlichen Staaten. Je autoritärer ein Regime ist, umso zurückhaltender wird mit Geldzahlungen umgegangen. Denn natürlich haben die Mächtigen im Westen keinerlei Interesse daran, korrupte afrikanische Despoten zu finanzieren. Alternativ organisiert man materielle Lieferungen von Nahrungsmitteln und Kleidung. Das Problem: Billige Lebensmittel oder sogar Geschenke ruinieren die eigene Landwirtschaft. Ob Tomaten, Weizen, billiges Fleisch oder Reis: Die Herstellung von wichtigen Nahrungsmitteln wird in westlichen Ländern stark subventioniert. Die dadurch provozierte Überproduktion wird dann in Afrika zu für afrikanische Bauern konkurrenzlos günstigen Preisen angeboten.

Das kann doch nicht so schwer sein: Wenn Hilfslieferungen in Afrika wirklich helfen sollen, dann sollten die Nahrungsmittel auch dort eingekauft werden.

Ein Beispiel: Die USA sind mit Hilfsleistungen im Wert von über einer Milliarde Dollar der größte Lieferant des World Food Programms. Allerdings: Die Nahrungsmittel werden in den USA produziert und dort auch von der Uno aufgekauft, sie werden ebenfalls von US-Speditionen nach Afrika transportiert. So findet eine indirekte Subventionierung der amerikanischen Wirtschaft statt. Diese kostenlosen Lieferungen ruinieren die Farmer in Afrika insofern, als diese auf ihren Produkten sitzen bleiben. Der kenianische Ökonom James Shikwati beschreibt die Zusammenhänge so: Nomaden wie beispielsweise die Massai in Kenia halten ihre Rinder mittlerweile fast nur noch als Statussymbol. Früher wurden sie auch geschlachtet, wenn Nahrung oder Wasser knapp wurden, heute hingegen wartet man in Krisenzeiten lieber ganz einfach auf die Hilfslieferungen aus dem Westen. Die Konsequenz: Der Viehbestand wächst an, die Böden erodieren durch Überweidung, die Nomaden ziehen weiter und die Geschichte wiederholt sich: Es kommt zu Konflikten mit

Entwicklungsländer

Als Entwicklungsland bezeichnet man einen Staat, der hinsichtlich seiner sozialen, politischen und ökonomischen Eigenschaften starke Defizite aufweist. Die wichtigsten Kriterien sind:

- geringes Pro-Kopf-Einkommen und hohe Auslandsverschuldung
- schlechte Infrastruktur und starke Umweltbelastung
- schlechte Gesundheitsversorgung und geringe Lebenserwartung
- hohe Geburtenrate und hohe Kindersterblichkeit
- unzureichende Ernährung und schlechte Versorgung mit Trinkwasser
- schlechtes Bildungssystem, hohe Analphabetenrate
- autoritäre Herrschaftsform, starke Einschränkung der Menschenrechte und hohe Korruption

Vom Entwicklungsprogramm der Vereinten Nationen wird alljährlich der sogenannte Human Development Index (HDI) erstellt, der neben der realen Kaufkraft auch das Bildungsniveau und die Lebenserwartung erfasst. Sämtliche 22 Länder, die als geringstentwickelt eingestuft werden und somit die letzten Ränge belegen, liegen in Afrika.

Von den Entwicklungsländern und den Industrienationen sind als Zwischenstufe die sogenannten Schwellenländer zu unterscheiden. Diese werden zwar noch traditionell als Entwicklungsländer bezeichnet, weisen aber nicht mehr im vollen Umfang die Defizite auf. Die Weltbank und der IWF weisen insgesamt zehn Schwellenländer aus: nämlich die sogenannten BRIC-Staaten Brasilien, Indien, Russland, Volksrepublik China sowie Südafrika, Mexiko, Malaysia, die Philippinen, Thailand und die Türkei. Einen besonderen Stellenwert nehmen die sogenannten Transformationsländer ein; das sind diejenigen, die sich nach dem Auflösen der Sowjetunion auf dem Weg von der Planwirtschaft in die Marktwirtschaft befinden. Einige europäische Transformationsstaaten von ihnen haben bereits erfolgreich den Übergang in die Erste Welt absolviert, nicht zuletzt auch durch den Beitritt dieser Staaten in die EU. Andere, vor allem zentralasiatische Staaten, sind noch auf dem Weg und entsprechen eher den Schwellenländern.

Bis vor einigen Jahrzehnten teilte man die Welt gern in die Erste, Zweite und Dritte auf. Unter der Ersten Welt verstand man damals die Industrieländer, unter der Zweiten die sozialistischen Staaten. Und die Dritte Welt, das waren die Entwicklungsländer.

Da sich die Zweite Welt nach dem Zusammenbruch des Ostblocks nahezu vollständig auflöste, verlor diese Kategorisierung an Bedeutung. Aber auch aus sprachlichen Gründen verzichtete man darauf: Diese Aufteilung wirkte dann doch zu sehr wie eine diskriminierende Wertung.

sesshaften Bauern. Wenn der Streit eskaliert und eine bewaffnete Auseinandersetzung ausbricht, rücken Uno-Blauhelm-Soldaten an und reparieren, was die eigentlich gut gemeinten Hilfslieferungen ruiniert haben.

Wenn also die westlichen Länder Afrika wirklich in Krisenzeiten unterstützen wollen, so müssten sie einfach nur dafür sorgen, dass die Landwirtschaft gezielt gefördert wird, dass die Hilfsgüter also vor allem auf dem afrikanischen Kontinent eingekauft werden. Denn auf der einen Seite Brunnen und Bewässerungsanlagen zu bauen, aber die dadurch unterstützten Bauern andererseits durch kostenlose Geschenke zu ruinieren, ist sinnlos, denn bei uns hoch subventionierte Lebensmittel ruinieren die Landwirtschaft dieses Kontinents. Diese notwendigen Veränderungen der Entwicklungspolitik sind jedoch nur die Lösung eines der vielen Probleme, die diesen Kontinent am Boden halten.

Das zentrale Problem ist die Unselbstständigkeit der Afrikaner, zweifellos eine auf den ersten Blick unpopuläre Feststellung. Eine besondere Bedeutung bekommt sie allerdings, wenn man auf das Zitat von Axelle Kabou, einer Wirtschaftswissenschaftlerin aus Kamerun, blickt. Sie fasst das Kernproblem des Kontinents wie folgt zusammen: »Die Afrikaner sind die einzigen Menschen auf der Welt, die noch meinen, dass sich andere und nicht sie selbst um ihre Entwicklung kümmern müssen.«

Das parlamentarische Regierungssystem

Der herausragende Unterschied zum genannten präsidentiellen Regierungssystem ist in der parlamentarischen Demokratie die Abhängigkeit der Regierung vom Parlament.

Es besteht somit eine enge Beziehung zwischen Exekutive und Legislative. Wenn einer Regierung nämlich vom Parlament das Vertrauen entzogen wird, so muss sie zurücktreten. Die Verzahnung zwischen diesen beiden Gewalten geht so weit, dass es üblich ist, dass die Mitglieder der Regierung auch Mitglieder des Parlaments sind. In einigen Ländern ist dieses sogar verfassungsmäßig vorgeschrieben. Diese enge Verknüpfung zwischen Legislative und Exekutive ist somit aus Sicht der heiligen und unantastbaren Gewaltenteilung nicht als problematisch zu bezeichnen.

Ein wesentliches Element der Kontrolle des Parlaments ist die Informationspflicht, die in besonders relevanten Fällen durch die Einrichtung eines Untersuchungsausschusses eine besondere Dimension bekommen kann.

Da die Regierung in starkem Maße vom Parlament abhängig ist, sind klare Mehrheitsverhältnisse im Parlament nahezu unabdingbar, auch wenn Minderheitenregierungen wenigstens befristet schon vorgekommen sind. Es herrscht somit eine klare Trennung zwischen Regierung und Opposition.

In einem System, in dem mehr als zwei Parteien im Parlament vertreten sind und in dem keine einzelne Partei über die absolute Mehrheit verfügt, muss die Handlungsfähigkeit der Regierung durch eine Koalition mehrerer Parteien herbeigeführt werden. Unabdingbares Prinzip dieser Regierungsform ist ein strikter Fraktionszwang. Dies bedeutet, dass sich die Regierung darauf verlassen können muss, dass die Mehrheit der Abgeordneten in ihrem Interesse abstimmt. Somit sind die Machtverhältnisse in der parlamentarischen Demokratie klarer verteilt als in dem präsidentiellen System: Während dort durchaus wechselnde Mehrheiten über die Parteigrenzen hinaus vorkommen, ist es in der parlamentarischen Demokratie oft eindeutig: Die Fraktionen der regierenden Parteien

Wozu ein Parlament – hier das österreichische – da ist, verrät schon der Name: franz. *parler* bedeutet reden, und das wird dort auch ausgiebig getan.

stimmen den Gesetzesentwürfen der Regierung zu, und die Opposition lehnt diese ab.

Dies führt nicht selten zu wenigstens theoretischen Konflikten, wie zum Beispiel in Deutschland. Dort steht in Artikel 38 I über die Abgeordneten geschrieben: »Sie sind Vertreter des ganzen Volkes, an Aufträge und Weisungen nicht gebunden und nur ihrem Gewissen unterworfen«. In der Praxis sieht das jedoch anders aus, denn die Fraktionsvorsitzenden der Parteien sind sehr mächtige Menschen, und ihre Aufgabe besteht überwiegend darin, die sogenannte Fraktionsdisziplin einzuhalten. Dies bedeutet vor allem, dass die Abgeordneten der Regierungspartei grundsätzlich den Beschlüssen und Gesetzesvorlagen zustimmen. Damit sie dies können, hat im Vorfeld ein entsprechender Diskurs stattgefunden, durch den dann Lösungen gefunden wurden, die es den Abgeordneten ermöglichen, die Zustimmung zu den Gesetzen mit ihren Gewissen vereinbaren.

Die parlamentarische Demokratie ist gemeinhin in eine Doppelspitze aufgeteilt: Neben dem Regierungschef steht das Staatsoberhaupt. In der republikanischen Variante der parlamentarischen Demokratie, wie zum Beispiel in Deutschland oder Österreich, die von der monarchischen zu unterscheiden ist, wird auch das Staatsoberhaupt durch eine Wahl bestimmt. Dies kann entweder durch eine direkte Wahl durch das Volk geschehen oder durch ein eigens einberufenes Wahlkomitee wie die Bundesversammlung in Deutschland, die nur diesen einen Zweck hat: die Wahl des Bundespräsidenten.

Darüber hinaus ist das Parlament häufig in zwei Kammern aufgeteilt: In ein Abgeordnetenhaus, in dem die Mandatsträger direkt vom Volk gewählt werden, im Zweifel die mächtigere Institution, und in eine zweite Kammer, die die Kontrolle ausübt. Diese kann sich auf unterschiedliche Weise zusammensetzen – ebenfalls durch Wahl, durch die Entsendung Vertreter regionaler

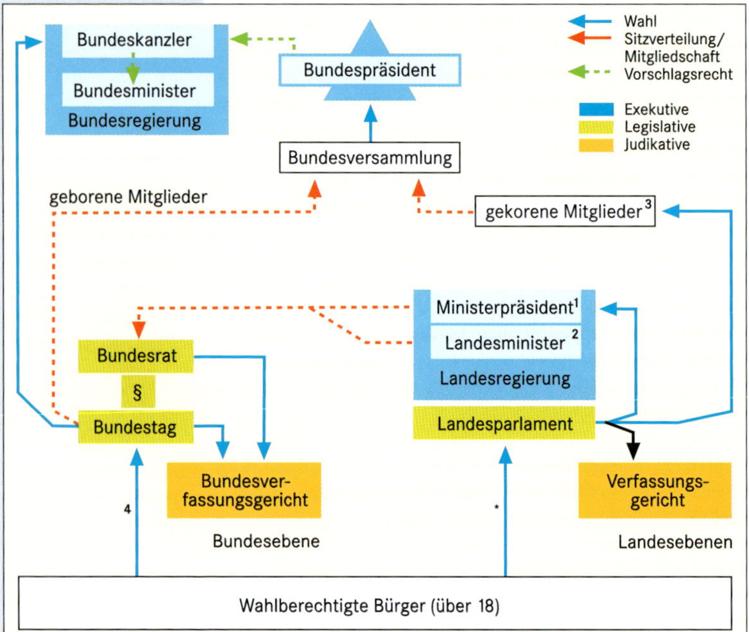

1 Der „Ministerpräsident" wird in Bremen *Bürgermeister*, in Hamburg *Erster Bürgermeister* und in Berlin *Regierender Bürgermeister* genannt.
2 In den Stadtstaaten (Berlin, Hamburg, Bremen) heißen die Landesminister *Senatoren*. In Bayern werden die Minister *Staatsminister* genannt.
3 Vom Landesparlament gewählte Vertreter des Volkes. Diese müssen nicht dem Landesparlament angehören.
4 Die Wahlen sind frei, geheim und gleich.
* Je nach Bundesland existieren unterschiedliche Regelungen zur Bestimmung der Mitglieder des Verfassungsgerichtes auf Landesebene.

Das parlamentarische Regierungssystem in der Bundesrepublik Deutschland

Parlamente, durch die festgeschriebene Berücksichtigung unterschiedlicher gesellschaftlicher Gruppen, durch Ernennung oder aus einer Kombination dieser Kriterien. Eine besondere Bedeutung kommt der zweiten Kammer in der monarchischen Variante der parlamentarischen Demokratie zu: Da die Royals nahezu ausschließlich repräsentative Aufgaben erledigen, ist die Kontrolle des Parlaments durch ein weiteres Gremium noch wichtiger als in der Republik, wo diese Aufgabe oft auch vom gewählten Präsidenten mit übernommen wird.

Bundesrepublik Deutschland

Deutschland kann auf eine herausragende und wechselhafte Geschichte zurückblicken. Bis weit in das 19. Jahrhundert hinein gab es zwar den Begriff »deutsch«, der jedoch bezog sich fast ausschließlich auf die Sprache. Eine politische Einheit war über 1000 Jahre so gut wie nicht zu erkennen. Das Deutschland in den heutigen Grenzen war außerhalb des preußischen Reichs in eine Vielzahl größerer und kleinerer Fürstentümer zerstückelt, und es fehlte eine große, mächtige Klammer in Form einheitlicher Gesetze, einer zentralen Regierung und einer gemeinsamen Identität.

Wenn man von außen auf dieses Land sieht, so hat das Image der Deutschen in wenigen Jahrhunderten radikale, um nicht zu sagen dramatische Änderungen vollzogen. Da die Deutschen vor der Begründung des Reiches im Jahre 1871 nicht mit außenpolitischer Präsenz oder auch einem ausgeprägten Nationalgefühl über die Grenzen wahrgenommen wurden, griff man auf die geistigen Qualitäten zurück. Deutschland wurde zum Land der Dichter und Denker, und auch viele erfolgreiche Komponisten symbolisierten die schöngeistige Schaffenskraft der kreativen Köpfe nach draußen. Mit Gründung des Deutschen Reiches änderte sich dieses Bild, aus den kulturell wertvollen Repräsentanten wurden säbelrasselnde und im Offizierston schnarrende Monokelträger, denen wohl auch wegen ihres übertriebenen militärischen Gehabes per Edikt die alleinige Schuld am Ersten Weltkrieg zugesprochen wurde. Schließlich kamen die Nazis und sorgten mit ihrem grausamen Terrorregime und dem verheerenden Krieg, mit dem sie die Welt überzogen, dafür, dass die Schuld an dieser Untat noch heute das politische Denken im Land beeinflusst. Die negative Abgrenzung zum Nationalsozialismus bestimmt noch immer, vor allem in der Außenpolitik, das Ansehen des Staates. Und offensichtlich ist es diesem Deutschland gelungen, in der krassen Umkehr dieses menschenverachtenden Systems eine so funktionsfähige Demokratie und vorbildliche Verfassung zu entwickeln, dass beide nach dem Zusammenbruch des Ostblocks von Jugoslawien vielen neu entstehenden Ländern als Muster dienten.

Die Bundesrepublik Deutschland ist ein Bundesstaat, der sich aus 16 Bundesländern zusammensetzt. Das Staatsoberhaupt ist der Bundespräsident, der nicht in die aktuelle Tagespolitik eingreift. Jedoch ist er derjenige, der Gesetze durch seine Unterschrift, die sogenannte Ausfertigung, endgültig auf den Weg bringt. In den vergangenen Jahren ist es schon mehrfach vorgekommen, dass der Inhaber dieses Amtes die Ausfertigung verweigerte, weil erhebliche Bedenken hinsichtlich der Verfassungsmäßigkeit eines Gesetzes vorlagen. Damit wird dem Bundespräsidenten mehr Macht zugesprochen, als wenn sein Amt ausschließlich auf repräsentative Aufgaben reduziert wäre.

Regierungschef in Deutschland ist der Bundeskanzler. Ihm steht auch das Recht zu, die Grundlagen der Politik zu bestimmen. Der Bundeskanzler wird vom Parlament gewählt und kann während seiner Amtszeit nur durch ein konstruktives Misstrauensvotum im Parlament gestürzt werden. Das kam bisher nur einmal vor, als im Jahre 1982 Helmut Schmidt zu Fall gebracht wurde, weil die FDP die sozialliberale Koalition beendete und beschloss, fortan mit der CDU regieren zu wollen.

Sollte der Bundeskanzler sich nicht mehr in der Lage fühlen, seine Regierungstätigkeit auszuüben, so steht ihm das Instrument der Vertrauensfrage zu. Dieses ist die seitenverkehrte Variante des Misstrauensvotums. Gerhard Schröder nutzte dieses Instrument sehr großzügig, um seine Regierungskoalition im Sinne seiner Politik in die Pflicht zu nehmen. Denn scheitert ein Bundeskanzler im Zuge der Vertrauensfrage, so würde der Bundestag aufgelöst, Neuwahlen würden angesetzt und viele Abgeordnete könnten nicht wirklich sicher sein, ob sie bei erneuten Parlamentswahlen wiederum in das Parlament einziehen würden. Kritiker bezeichneten dieses Vorgehen Schröders als Erpressung seiner eigenen Abgeordneten und als Vorstufe zum politischen Offenbarungseid.

Neben dem Bundestag existiert in Deutschland ein weiteres Gremium der Gesetzgebung: der Bundesrat. In diesem sind die Regierungen der 16 Bundesländer anteilig nach ihrer Größe vertreten. Diese zweite Kammer der Legislative wird also nicht direkt gewählt, sondern automatisch durch die Regierungschefs der Bundesländer gebildet. Und wenn ein Gesetz, wie es die Verfassung für viele Politikbereiche vorsieht, der Zustimmung des Bundesrates bedarf, dann kann es nur in Kraft treten, wenn dieser ebenfalls mit der Gesetzesvorlage einverstanden ist. Je nachdem, welche Partei in den jeweiligen Bundesländern erfolgreicher agiert, kann es auch zu wechselnden Mehrheiten in beiden Parlamenten kommen. In diesem Fall wird das Regieren deutlich schwieriger, wenn nicht ohnehin in Berlin eine Große Koalition am Werk ist.

Oberste gerichtliche Instanz ist das Bundesverfassungsgericht, das über die Einhaltung des Grundgesetzes wacht und darüber entscheidet, ob Gesetze mit den verfassungsrechtlichen Grundsätzen übereinstimmen.

Die parlamentarische Demokratie im Rest der Welt

Europa ist zweifellos die Hochburg der parlamentarischen Demokratie. Abgesehen von Frankreich, das ja mit dem Schwerpunkt auf dem Amt des Präsidenten regiert wird, werden fast alle europäischen Länder auf diese Art und Weise geleitet. Im Rest der Welt ist diese Regierungsform allerdings relativ dünn gesät. In Asien liegt mit Indien die größte Demokratie der Welt, und auch die Nachbarländer Bangladesch und Nepal werden so regiert. In Afrika ist Äthiopien das einzige Land, und in ganz Nord- und Südamerika ist diese Regierungsform mit Ausnahme einiger kleiner Karibikstaaten überhaupt nicht zu finden.

Parlamentarische Monarchie

Ein Sonderfall in Europa ist die monarchische Demokratie beziehungsweise die parlamentarische Monarchie. Spanien, Großbritannien, die drei Benelux-Staaten Belgien, die Niederlande und Luxemburg sowie die drei skandinavischen Länder Dänemark, Norwegen und Schweden werden auf diese Weise regiert. Als Staatsoberhaupt fungiert dort nicht ein gewählter Präsident, sondern ein Vertreter der jeweiligen Erbmonarchie. Da diese über keinerlei demokratische Legitimation in Form einer Wahl bestimmt werden, sondern dieses Amt in ihrer Familiendynastie weiterreichen, nehmen diese Staatsoberhäupter ausschließlich repräsentative Aufgaben wahr. Ihr politischer Einfluss ist auf gelegentliche Stellungnahmen, mit denen aber erfahrungsgemäß besonders zurückhaltend umgegangen wird, beschränkt.

Prinz Charles wartet schon sein ganzes Leben lang darauf, endlich König von Großbritannien zu werden.

Als Kritik wird diesem System häufig die Verwurzelung in einer anderen Zeit entgegengebracht. Generell gilt die Monarchie zumindest in westlichen Industrienationen als vollständig überholt, und daher werfen die Kritiker diesen Ländern vor, an alten, längst überkommenen Traditionen festzuhalten, da die politischen Systeme dieser Länder nicht vorsehen, sich dieser Instanz entledigen zu können. Darüber hinaus sind die Kosten, die die Königshäuser verursachen, teilweise erheblich.

Und vor allem die Erbfolge wird von Kritikern mit unguten Gefühlen betrachtet: Denn da es keinerlei Konkurrenz um das führende Amt gibt, spielen auch besondere Fähigkeiten oder Eignungen zur Besetzung dieser Position keine Rolle.

Genau diesen Kritikpunkt akzeptieren die Befürworter dieses Systems, die in diesen Ländern eindeutig in der Mehrzahl sind, aber nicht. Denn die lebenslange Vorbereitung eines Thronfolgers auf und das Hineinwachsen in seine Aufgaben wird nicht als Schwäche, sondern als Stärke betrachtet. Darüber hinaus ist man überzeugt, dass die Monarchie als Symbol für Kontinuität und Stabilität steht, die Einheit des Landes repräsentiert und eine gewisse patriotische Grundhaltung durch die Herbeiführung einer nationalen Identität gewährleistet.

Ebenfalls wird gern als Vorteil herausgestellt, dass die starken verwandtschaftlichen Verflechtungen der europäischen Fürstenhäuser untereinander zu einer Stabilisierung der Beziehungen und zu einer freundschaftlichen Verbindung der Länder führen. Das mag heute so sein, war aber in der Geschichte nie wirklich entscheidend, denn nicht zuletzt im Ersten Weltkrieg standen sich an den Fronten die Truppen von Cousins und Cousinen, von Onkeln und Tanten gegenüber und lieferten sich mörderische Schlachten.

Außerhalb von Europa ragt vor allem Japan als monarchische Demokratie heraus, aber auch Länder wie Kambodscha und Thailand werden auf die Art und Weise regiert. Ein Sonderfall ist Malaysia; in diesem Land wird der jeweils amtierende Monarch alle fünf Jahre aus dem Kreis der Herrscher der neun Sultanate gewählt.

Und natürlich dürfen Länder wie Kanada und Australien in dieser Aufzählung nicht fehlen, die zwar wie alle anderen Länder des britischen »Commonwealth« mittlerweile die vollständige Souveränität erlangt haben, aber Königin Elizabeth II. immer noch als Staatsoberhaupt anerkennen. Allerdings werden ihr dort die Repräsentationspflichten durch Generalgouverneure abgenommen, die aktuell, wie die Regentin selbst, sowohl in Kanada als auch in Australien weiblichen Geschlechts sind.

Absolute Monarchie

Im Gegensatz zu den demokratischen Regierungsformen gibt es aber auch solche, in denen das Volk nur sehr wenig oder gar kein Mitspracherecht an politischen Entscheidungen hat. Neben der Militärdiktatur und dem kommunistisch-marxistischen Ein-Parteien-

Staat steht dort auch noch das klassische Königtum. Denn die absolute Monarchie ist, auch wenn sie eindeutig zum Auslaufmodell zählt, auf der Welt noch nicht gänzlich ausgestorben. An einigen Flecken der Welt herrschen noch absolute Monarchen ohne jede Mitsprache derjenigen, über die sie bestimmen. Neben die Monarchien Brunei und Swasiland treten zwei Staaten, ohne die das Gefüge der derzeitigen Welt kaum vorstellbar ist.

Zum einen wird die Herrschaft des Papstes über den völkerrechtlich selbstständigen Staat Vatikanstadt tatsächlich offiziell als absolute Monarchie bezeichnet. Es ist davon auszugehen, dass die aktuell 932 Einwohner dieses Staates daran nichts auszusetzen haben, da sie sämtlich der katholischen Kirche angehören und zu einem überwiegenden Großteil dort auch wichtige Ämter ausüben. Und da sie vollständig in dieses System integriert sind und somit die Unfehlbarkeit des Papstes anerkannt haben, ist die Akzeptanz dieser Regierungsform nur eine logische Konsequenz ihres Glaubens.

Als letzte der vier weltweit existierenden absoluten Monarchien gilt Saudi-Arabien. Hier geschieht restlos alles in Politik und Verwaltung nach dem Willen des Herrschers. Das Rechtssystem, das aus westlicher Sicht mittelalterliche Rechtsgrundsätze und drakonische Strafen wie Steinigungen, Amputationen von Gliedern oder die öffentliche Prügelstrafe beinhaltet, basiert auf der islamischen Rechtsordnung Scharia. Saudi-Arabien ist jedoch nicht das einzige Land, in dem nach der Scharia Recht gesprochen wird, auch in Ländern wie Nigeria, Somalia, den Malediven, dem Iran, Bangladesch, Mauretanien, Gambia, Senegal, Bahrain, Katar oder Kuwait wird wenigstens in Teilen dieser islamischen Rechtsordnung gefolgt.

Saudi-Arabien spielt in der Welt in zweierlei Weise eine herausragende Rolle. Zum einen liegen dort die heiligen Stätten des Islam, Mekka und Medina, die von jedem gläubigen Muslimen einmal im Leben besucht werden sollen. Das macht dieses Land mindestens geografisch zum Zentrum dieser Glaubensrichtung.

Darüber hinaus verfügt Saudi-Arabien über die größten Erdöl-Reserven der Welt und gehört zu den wichtigsten Exporteuren dieses Rohstoffes. Im Jahr 2006 exportierten die Saudis mit 360 Mio. t 16,2 % der gesamten gehandelten Erdölmenge weltweit. Immer wieder wird ihnen vorgeworfen, durch eine absichtliche Reduzierung der Ölfördermenge den Preis in die Höhe zu treiben. All dies macht dieses Land zu einem der wichtigsten Wirtschaftsfaktoren der Welt.

Abdullah ibn Abd al-Aziz Al Sa'ud, König und Premierminister von Saudi-Arabien

Vereinigte Arabische Emirate

Ein besonders interessantes, wenn auch für andere Staaten nicht unbedingt beispielhaftes Regierungssystem findet man in den Vereinigten Arabischen Emiraten. Denn die gigantischen Einnahmen, die diese kleinen Länder durch den Öl-Handel erzielen, sind die Voraussetzung für all das, was sich dort abspielt. So verlieren sie für weniger einnahmestarke Länder dadurch als Vergleichsgröße völlig an Bedeutung.

Vor allem das Emirat Dubai machte in den vergangenen Jahren mit spektakulären Bauprojekten wie dem Sieben-Sterne-Hotel Burj al Arab oder den künstlichen Inselwelten »The Palm« oder »The World«, die eines Tages 300 Eilande umfassen sollen, auf sich aufmerksam. Politisch gesehen herrscht hier eine Art der Monarchie, die allerdings im Vergleich zu anderen arabischen Staaten wie beispielsweise Saudi-Arabien extrem liberale Züge aufweist. Einer der Gründe ist, dass es der Plan der Emire ist, sich allmählich von den Petrodollars zu emanzipieren und aus ihren kleinen, aber feinen Stadtstaaten blühende Handelszentren, Dienstleistungsmetropolen und touristische Traumziele zu formieren.

Auch den Einwohnern geht es gut, denn die Machthaber gehen sehr großzügig mit ihrem unfassbaren Reichtum um. Die Staatsbürger kommen in den Genuss eines kostenlosen Bildungs- und Gesundheitssystems,

Plan der künstlich angelegten Inselwelten »The World« in Dubai.

und es kursieren Zahlen, dass jeder männliche Staatsbürger mehr als 50.000 Euro pro Jahr an Vergünstigungen vom Staat erhält. Die Drecksarbeit erledigen Heerscharen von Gastarbeitern aus Asien, die natürlich keine Staatsbürger sind und deswegen auch keine Vergünstigungen erhalten.

Ein-Parteien-Staat

Der Ein-Parteien-Staat ist mit einer autoritären bis totalitären Diktatur zu vergleichen. Wie bereits zuvor dargestellt, liegt ein wesentlicher Unterschied zwischen der autoritären und totalitären Variante darin, dass in Letzterer eine politische Ideologie die Basis für die Herrschaft ist und die Einhaltung beziehungsweise der Glaube an dieses übergeordnete System den Druck auf die Bevölkerung deutlich größer werden lässt als in der autoritären Version, wo in der Regel lediglich erwartet wird, dass die entsprechenden ordnungspolitischen Vorgaben eingehalten werden.

Die Volksrepublik China steht als einwohnerstärkstes Land der Erde nicht zuletzt wegen der Diskussionen um den dortigen Wirtschaftsboom und die fortgesetzte Verletzung der Rechte von 1,3 Milliarden Menschen immer wieder im Zentrum der öffentlichen Diskussion. Aber einige andere Länder werden ebenfalls auf diese Art und Weise regiert. Die, die wegen ihrer geringen Bedeutung für die Weltpolitik nicht im Fokus stehen, sind Eritrea, Laos, Turkmenistan, Dschibuti oder Ruanda.

Nordkorea ist nahezu vollständig vom Rest der Welt abgeschottet und wird nach einer planwirtschaftlichen, am Stalinismus ausgerichteten Art des Kommunismus regiert. Dieses Land gilt der Welt als das letzte abschreckende Beispiel für das Versagen des Kommunismus und verliert durch die totale Auflösung des Ostblocks nahezu vollständig an weltpolitischer Bedeutung. Wenn über Nordkorea berichtet wird, dann stehen im Wesentlichen drei Themen im Mittelpunkt: die bizarre Figur des Führers Kim Jong-il, das vollständige Versagen sei-

Nordkoreas Diktator Kim Jong-Il, um den ein beispielloser Personenkult betrieben wird.

ner Regierung (was sich zum Teil in dramatischen Hungersnöten äußert) sowie die immer wieder aufblitzenden Diskussionen rund um eine mögliche atomare Bewaffnung. Nordkorea gilt gemeinhin als das Land, in dem die Menschenrechte am stärksten mit Füßen getreten werden. Wer öffentlich Kritik übt, sei es an der Partei oder am Staatsoberhaupt, hat drakonische Strafen zu erwarten. Den Menschen ist unter Strafe verboten, das Land zu verlassen; Flüchtlinge, die beispielsweise aus China nach Nordkorea zurückgebracht wurden, wurden öffentlich hingerichtet.

In Kuba herrschte seit dem gewaltsamen Sturz des Diktators General Fulgencio Battista im Jahre 1956 über viele Jahrzehnte Fidel Castro, bis er vor kurzer Zeit die Amtsgeschäfte an seinen Bruder Raoul abtrat. Auch hier ist eine Opposition nicht vorgesehen, und Beeinträchtigungen der Menschenrechte gehören zu diesem politischen System dazu. Ankündigungen des neuen Staatschefs zufolge ist aber davon auszugehen, dass in der nächsten Zeit eine gewisse Liberalisierung vor allem hinsichtlich der Meinungsfreiheit zu erwarten ist. Bemerkenswert ist, dass Kuba in der Aufstellung des Human Development Index einen erstaunlichen einundfünfzigsten Rang einnimmt und somit noch vor den neuen EU-Mitgliedsstaaten Bulgarien (53.) und Rumänien (56.) liegt.

Ein Zeichen der Öffnung? Oder der Globalisierung? Oder gar der Schwäche? Der erkrankte Fidel Castro – im Adidas-Trainingsanzug.

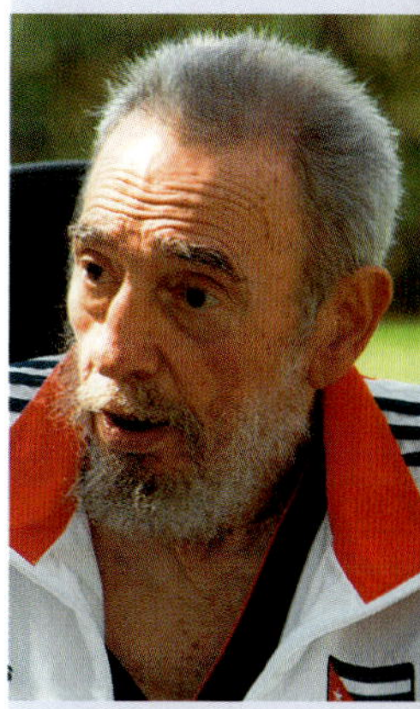

Nach dem Zusammenbruch der Sowjetunion als ehemals mit Abstand größtem Handelspartner stürzte Kuba zu Beginn der 1990er-Jahre in eine schwere Wirtschaftskrise, die bis heute andauert und in deren direkter Folge zaghafte marktwirtschaftliche Reformen angegangen werden mussten. Ein weiteres Problem für Kuba ist die Erzfeindschaft mit den USA; dort wurde vor Jahrzehnten ein Handelsembargo verhängt, das natürlich aufgrund der geografischen Nähe für die Wirtschaft Kubas eine enorme Einschränkung darstellt. Ob es Kuba wirklich gelingt, eine liberalere Form des Sozialismus als Gegenentwurf zur westlichen Welt zu etablieren, oder ob der Prozess letztendlich doch in einer Demokratisierung nach westlichem Standard münden wird, muss abgewartet werden.

Eine besondere Form des Ein-Parteien-Staats stellt die Militärdiktatur dar, so wie sie zurzeit in Myanmar oder auch in Libyen herrscht. In beiden Fällen steht weniger eine politische Ideologie im Vordergrund als vielmehr die Autorität eines militärischen Regimes. Die Auswirkungen sind faktisch dieselben: Verfolgung von Oppositionellen, Einschränkung von Menschenrechten, Unfreiheit des Volkes.

Faktischer Ein-Parteien-Staat

Ein interessanter Mix aus demokratischer Republik und Ein-Parteien-Staat ist in Singapur zu finden. Dieser kleinste aller ostasiatischen Staaten firmiert offiziell unter der Bezeichnung Republik, ist aber faktisch ein Ein-Parteien-Staat, weil die Politik seit der Unabhängigkeitserklärung im Jahr 1965 von der »People's Action Party« allein dominiert wird. Eigentlich vorgesehene Wahlen fallen schon einmal aus, wie zuletzt im Jahr 2006, als von der Wahlkommission nur ein Kandidat akzeptiert wurde.

Singapur ist bekannt für seine drakonischen Strafen für minimalste »Vergehen«. So war bis 2004 der Verkauf von Kaugummis vollständig verboten. Als Grund dafür wurde zum einen die mögliche Beschädigung der Zähne genannt, auf der anderen Seite kursieren auch Gerüchte, dass die Bürgersteige der Stadt nicht durch ausgespuckte Rest-Gummis verdreckt werden sollten. Und darüber hinaus: Wer dort nachweislich beim Lügen ertappt wird, muss mit der Prügelstrafe rechnen. Doch das System funktioniert, daher reagieren die Machthaber, wenn sie auf die Einschränkung der Menschen-

Hier herrscht Ordnung: Singapur, eigenwilliger, aber erfolgreicher Stadtstaat in Asien.

rechte durch dieses teilweise absurde Strafmaß angesprochen werden, auch selbstbewusst. Denn Singapur ist ein weit überdurchschnittlich erfolgreiches Land und liegt im »uman Development Index nur drei Ränge hinter Deutschland.

Die demokratischen Grundwerte der westlichen Welt werden in anderen Ländern also durchaus differenziert betrachtet, und eine andere Mentalität der Bewohner dieser Länder scheint wenigstens zum Teil damit konform zu gehen. Der Westen hat in der vergangenen Zeit durch seine von sich selbst dazu stilisierte Vorzeigedemokratie USA starke Gesichtsverluste erlitten. Denn immer weniger vor allem fernöstliche Länder sind bereit, ein Land wie die USA als Musterland der Demokratie anzuerkennen. Auf der einen Seite herrscht dort mangels öffentlicher Ordnung ein Übermaß an Kriminalität, auf der anderen Seite ist man bereit, in Krisensituationen vor den Augen der Weltöffentlichkeit Menschenrechte drastisch und ungeniert einzuschränken, was in der weltweiten Diskussion seit einigen Jahren unter der Vokabel »Guantanamo« subsumiert wird.

Ergo müssen sich die westlichen Demokraten allmählich an den Gedanken gewöhnen, nicht mehr ohne Weiteres im Rest der Welt mit einem Selbstverständnis wie bisher die Einhaltung von Menschenrechten fordern zu dürfen. Denn vor allem in Singapur scheint es tatsächlich so zu sein, dass die Menschen, die diesen

Insel- bzw. Stadtstaat bewohnen, mit dem Maß an öffentlicher Ordnung zufrieden sind, ebenso wie sie mit der tendenziell reduzierten Einschränkung ihrer Menschenrechte einverstanden zu sein scheinen, wenn sie auf der anderen Seite von Kriminalität, Drogen und anderen akuten Problemen der westlichen Welt weitgehend verschont bleiben.

China

China hat Hochkonjunktur. Und das nicht nur in politischer Hinsicht, denn die medialen Augen der Welt richten sich seit Langem auf die wirtschaftliche Potenz des fernöstlichen Giganten. Die Metaphern reichten vom Drachen, der drohend sein Haupt hebt, bis hin zur sprichwörtlichen gelben Gefahr, die den Westen allmählich in die Ecke drängt.

Immer wieder werden die Schlagzeilen von enormen Wachstumsraten, von aus dem Boden gestampften Mega-Citys, von gigantischen Umweltsünden und ungenierter Produktpiraterie beherrscht.

Das Bruttosozialprodukt dieses Landes ist in den dreißig Jahren, die seit der Machtübernahme des Reformers Deng Xiaoping vergangen sind, um mehr als 1200 % gewachsen. Und in wenigen Jahrzehnten wurde aus dem verarmten Agrarstreit eine wirtschaftliche Weltmacht, die sich anschickt, in absehbarer Zukunft die Nummer eins zu werden.

Allerdings sind die sprichwörtlichen jährlich zweistelligen Wachstumsraten eher relativ zu betrachten, vor allem, wenn man von einem Ausgangspunkt nahe null ausgeht. Aktuell liegt das durchschnittliche Pro-Kopf-Einkommen von China bei ungefähr 6 % von dem in Deutschland. Die wenigen Gewinner des wirtschaftlichen Aufschwungs sind sämtlich in einigen wenigen Wirtschaftsmetropolen angesiedelt, für die Durchschnittsbevölkerung auf dem Land hat sich in den vergangenen drei Jahrzehnten kaum etwas geändert.

Außer natürlich die gigantische Umweltverschmutzung. Glaubt man den Angaben der Weltbank, so sterben jährlich in China ca. 750.000 Menschen an den Folgen der ökologischen Verwüstung des Landes. Vor allem hinsichtlich der Nachfrage nach Energieträgern und anderen Rohstoffen wurde China in den vergangenen Jahren zu einem riesigen schwarzen Loch: Die steigenden Rohstoffpreise auf den Weltmärkten werden überwiegend auf die gestiegene Nachfrage in diesem Riesenreich der Mitte zurückgeführt. Die Diskussionen in den westlichen Ländern bekommen manchmal einen interessanten Beigeschmack: Es werden gern Horrorszenarien aufgebaut, was alles geschehen würde, wenn das chinesische Volk auch nur ansatzweise unseren Wohlstand erreichte. Die Rechnung ist relativ einfach: In China leben mehr Menschen als in Nordamerika und Europa zusammen. Und wenn die alle Auto fahren möchten, gehen bei uns die Lichter aus, da darf man abseits jeder Panikmache sicher sein. Wir können uns wohl nicht einmal ansatzweise vorstellen, wie sich der Ölpreis unter diesem Einfluss in den nächsten Jahren entwickeln wird. Interessant ist: Offenbar gehen wir im Westen davon aus, dass die Rohstoffe dieser Welt, auch wenn sie in afrikanischen, südamerikanischen oder asiatischen Ländern gefördert werden, eigentlich uns gehören und dass eine veränderte weltweite Nachfragesituation uns etwas wegnehmen würde. Nicht verwunderlich, wenn dies in Indien und China, aber erst recht in Russland mit mitleidigem Lächeln als arrogant abgetan wird.

Und wann immer über China geredet wird, ist die Kritik an der Menschenrechtssituation dort nicht weit. Das scheint aber die chinesischen Machthaber nicht sonderlich zu beeindrucken, und irgendwie wirkt es ja auch tatsächlich gewöhnungsbedürftig, wenn ein Land wie Deutschland, das sowohl flächenmäßig wie auch bezogen auf die Einwohnerzahl in China nahezu spurlos aufgehen würde, diesem Giganten Vorschriften machen möchte.

Auch wenn das Massaker auf dem Tiananmen-Platz schon viele Jahre zurückliegt: Hart durchgegriffen wird dort auch heute noch, wenn jemand aufmüpfig wird.

Zu den Menschenrechten in China gibt es neben den zu Recht kritisierten Missständen auch einschränkende Feststellungen zu treffen. Zum einen handelt es sich hier um eine riesige Landmasse mit der fast schon ans Absurde grenzenden Einwohnerzahl von 1,3 Milliarden Menschen. Das Ziel der chinesischen Machthaber, die weit über 50 ethnische Minderheiten in diesem Land als Einheit zusammenzufassen, ist wohl ohne autoritäre Strukturen nur schwer denkbar. Darüber hinaus sollte man nicht vergessen, dass das Massaker auf dem Platz des Himmlischen Friedens, mit dem die Demokratisierungsbewegungen blutig gestoppt und über 3000 Menschen getötet wurden, nun auch schon wieder fast zwanzig Jahre her ist und seitdem ein allmählicher Liberalisierungsprozess stattgefunden hat.

Und so ist nun die autoritäre Diktatur in China auf paradoxe Weise auch von dem Wohlwollen des Volkes abhängig: Wo das Regime dem Volk sukzessive mehr Möglichkeiten zur freien Meinungsäußerung einräumt, ohne mit zu harten Repressalien zu reagieren, erwartet es von seinen Bürgern, dass zu große und zu laute Forderungen nach mehr Demokratie oder Eigenständigkeit einzelner Regionen bzw. Minderheiten ausbleiben. Ein schleichender Veränderungsprozess hat nämlich bereits eingesetzt: So sind auf kommunaler Ebene bereits zaghafte Gehversuche in Sachen Selbstbestimmung der Menschen zu vermelden, und seit 2004 ist eine radikale Abkehr vom klassischen Kommunismus zu erkennen. Denn seitdem ist Privateigentum nicht nur nicht mehr verboten, sondern es wird sogar explizit von der Verfassung geschützt.

Wenn man auf die Zukunft dieses Landes schaut, so ist nur schwer vorstellbar, dass das Fortschreiten der Liberalisierung des Kommunismus in Richtung Marktwirtschaft noch aufzuhalten sein wird. Andere asiatische Länder wie Taiwan oder Südkorea haben es vorgemacht: Auch dort wurde nach der Unabhängigkeit mit einem totalitären Regime begonnen, und als dies allmählich liberaler gestaltet wurde, kamen die Menschen zu mehr Wohlstand. In dem Moment, wo die materiellen Bedürfnisse immer mehr erfüllt wurden, wurde in diesen Ländern auch der Ruf nach mehr Mitbestimmung am politischen System laut – die nächste logische Stufe auf der Leiter hin zu mehr Zufriedenheit. Dieser Prozess mündete dort schließlich in der Einführung demokratischer Strukturen.

Nun sind die beschriebenen Länder Taiwan und Südkorea natürlich relativ übersichtlich strukturiert. Im Falle von China birgt eine Demokratisierung und eine damit verbundene Auflösung der autoritären Strukturen aber eine besondere Gefahr für die Einheit des Landes. Denn wenn die 50 bis 70 Minderheiten, die in diesem Land bis heute durch die eiserne Klammer des Ein-Parteien-Staates zusammengehalten werden, auseinanderdriften und in unterschiedlichem Maße Territorien für sich und ihre eigene Unabhängigkeit beanspruchen, dann braucht man mit Blick auf die Ge-

Die Rolle der ethnischen Minderheiten in China ist klar umrissen: Mehr als bunte Folklore darf nicht sein.

schehnisse in Jugoslawien in den 1990er-Jahren nicht viel Fantasie, um sich vorzustellen, dass dieser Prozess die gesamte Region und sehr wahrscheinlich auch die Welt unter Umständen in das totale Chaos stürzen könnte. Und wenn man die machtpolitische Situation von China heute als Atommacht und ständiges Mitglied im UN-Sicherheitsrat berücksichtigt und als Land, das zur freien Verfügung über einen Staatsfonds von über 1000 Milliarden US-Dollar verfügt, dann ist es nur schwer vorstellbar, welche Konsequenzen eine zunehmende Abspaltung einzelner Teilstaaten von diesem Riesenreich haben könnte.

Denn bei dem Zerfall der Sowjetunion war klar, dass mit Russland der Haupterbe feststand. Den Rest der Republiken gab es als territoriale Einheiten schon vor der UdSSR, und so konnte man sich leicht trennen. In China sieht das anders aus: Dieses Land existiert in den heutigen Grenzen (von ein paar kleineren Veränderungen abgesehen) schon seit mehreren Tausend Jahren. Ein Auseinanderfallen würde daher in völlig neuen Strukturen münden, und dass Erbstreitigkeiten von 1,3 Milliarden Menschen ohne Probleme vonstatten gehen würden, wird niemand erwarten.

Der Begriff »Political Correctness« (englisch ausgesprochen abgekürzt PC) stammt aus dem anglo-amerikanischen Raum und fand in den 1990er-Jahren in Deutschland zunehmend Beachtung. Damit wird ein kommunikatives Verhalten bezeichnet, das daran ausgerichtet ist, auf die Verwendung von diskriminierenden Formulierungen zu verzichten und allgemein als wünschenswert angesehene zu verwenden. Das ist nicht unumstritten. Die Befürworter begrüßen diese Veränderung der Sprachgewohnheiten, vor allem dann, wenn ursprünglich eigentlich neutrale Begriffe allmählich negativ konnotiert werden, wenn diese also sukzessive zum Schimpfwort mutieren. Ein prominentes Beispiel ist der »Neger«, der vor vielen Jahrzehnten noch eine ganz normale Bezeichnung für einen dunkelhäutigen Menschen afrikanischer Abstammung war. Als dieser Begriff dann allmählich immer mehr zu einem diskriminierenden Schimpfwort verkam, wurde seine Verwendung tabuisiert. Allerdings ist die jüngere Sprachgeschichte einen allgemein akzeptierten Ersatz schuldig geblieben, der »Farbige« war wohl auch keine besonders glückliche Schöpfung. Die wissenschaftliche Bezeichnung »Negride« wurde gleich mit entsorgt. Nun sucht man nach einer neuen Bezeichnung, und es konkurrieren »africoid« mit »congoid«. Manchmal sind sich sogar die Angehörigen einer bestimmten Ethnie nicht einig über ihre korrekte Bezeichnung. Es gibt eine Minderheit, die man früher Zigeuner nannte. Irgendwann verkam dieser Begriff immer mehr zum rassistischen Schimpfwort. Aus den Zigeunern wurden Sinti und Roma, was aber auch nicht ganz unproblematisch ist. Denn zum einen sind ethnologisch gesehen die Sinti wohl auch alle Roma, zum anderen fehlen in der Aufzählung andere Gruppen, wie z. B. die Jenischen. Diese fühlen sich nämlich durch die Bezeichnung »Sinti und Roma« diskriminiert, weil sie da nicht auftauchen, und wären gern wieder offiziell Zigeuner.

Andere Beispiele: In Deutschland heißen die Behinderten noch immer Behinderte und nicht wie in den USA, wo man sie zu »besonders herausgeforderten Menschen« machen wollte; aus den ehemals »Arbeitslosen« werden seit Kurzem immer häufiger pauschal »Arbeitssuchende«. Und schließlich greifen seit einigen Jahren zweigeschlechtliche Bezeichnungen um sich: Aus Lehrern werden Lehrer und Lehrerinnen oder gleich LehrerInnen, und aus Studenten, wenn nicht nur Männer gemeint sind, Studierende. Die Befürworter dieser Sprachpraxis halten es für einen unverzichtbaren Beitrag zur Bekämpfung der Diskriminierung der Frauen, die Gegner hingegen kritisieren dies als unnötige Verstümmelung der Sprache.

Schreckgespenst Globalisierung

Die Welt ist in den vergangenen Jahren sehr stark zusammengerückt. In der Wirtschaftspolitik fast man diese Tatsache gern unter dem Schreckens-Schlagwort Globalisierung zusammen. Dies bedeutet aus konservativer, neoliberaler Sicht nichts anderes, als dass sich an den unterschiedlichen Ecken und Enden dieser Welt ehemals rückständige Entwicklungsländer daran machen, nicht nur die Produktion billiger Massengüter für die westlichen Industriestaaten zu übernehmen, sondern allmählich auch qualifiziertere Dienstleistungen zu erbringen. Ob indische Callcenter oder kasachische Software-Schmieden: Wer Geld sparen möchte, ist in diesen Ländern richtig aufgehoben. Probleme treten allerdings auf, wenn instabile politische beziehungsweise ökonomische Verhältnisse für Unsicherheit sorgen oder wenn die Entwicklungs- oder Schwellenländer andere Vorstellungen vom Urheberrecht haben als die westliche Welt. Darüber hinaus bietet zwar die Globalisierung die Chance, günstige Produkte und Dienstleistungen einzukaufen, auf der anderen Seite birgt der Arbeitsabbau in den heimischen Ländern aber große Probleme. Das sorgt im konservativen Lager häufig für starke Bedenken gegenüber der Globalisierung.

In seltener Einigkeit teilen auch die deutlich weiter links Liegenden diese negative Einschätzung, nur mit diametral gegenüberliegenden Argumenten. Denn für sie bedeutet die Einbindung ärmerer Länder in die Weltwirtschaft nichts anderes als die fortgesetzte Ausbeutung der Entwicklungsländer durch Lohnsklaverei. Tatsächlich scheint es so zu sein, dass den westlichen Auftraggebern nur zu oft sowohl die Arbeitsbedingungen in diesen Ländern völlig egal sind, ebenso wie die Tatsache, dass in vereinzelten Ländern Kinderarbeit nach wie vor traurige Realität ist. Aber die oft beschrieene Geiz-ist-geil-Mentalität beißt sich in den Schwanz: Alles muss billiger werden, wird deswegen in fernen Ländern produziert, im Inland fallen die Jobs weg und die Arbeitslosen haben so wenig Geld, dass sie wiederum auf billige Fernost-Schnäppchen scharf sind. Nicht ungefährlich, eine solche Kettenreaktion.

Fraglich ist allerdings, ob die Produktion in fernen Ländern zukünftig auch noch für westliche Hersteller rentabel sein wird. Denn ein interessanter Zusammenhang tut sich auf: Mit wachsendem Lebensstandard in diesen Ländern steigt dort verständlicherweise auch der Wunsch, an den materiellen Segnungen des Westens teilzuhaben, und dies ist wie selbstverständlich mit der Nutzung fossiler Energiequellen verbunden. Daher ist es nicht unwahrscheinlich, dass der starke Preisanstieg durch die gestiegene Nachfrage in den kommenden Jahren und Jahrzehnten für einen noch drastischeren Anstieg der Transportkosten sorgen wird, als es zurzeit schon der Fall ist. Und fällt der nur voluminös genug aus, so wäre der heimische Wirtschaftsstandort plötzlich wieder attraktiv für die herstellende Industrie.

Kinderarbeit, im Westen schon seit vielen Generationen tabu, ist in den Entwicklungsländern an der Tagesordnung, nicht selten im Auftrag westlicher Unternehmen.

Und wenn, was zu erwarten ist, der steigende Lebensstandard in den heutigen Entwicklungs- und Schwellenländern für ein neues Selbstvertrauen sorgt und sich dadurch dort die Löhne allmählich dem westlichen Niveau angleichen, könnte theoretisch Folgendes passieren: Durch eine Ausweitung der Bildungspolitik in diesen Ländern könnte ein umgekehrter Prozess in Gang gesetzt werden. Ausführende Tätigkeiten in der Produktion wären wieder in der heimischen Wirtschaft angesiedelt, und dafür könnten immateriell zu bewegende und anspruchsvollere Wirtschaftsgüter wie Dienstleistungen noch stärker in den heutigen Entwicklungsländern erbracht werden. Denn Datenbanken und Computerspiele kann man leicht per E-Mail verschicken, Turnschuhe und Barbie-Puppen nicht.

Internationale Politik-Institutionen

Doch nicht nur im Hinblick auf die Verfügbarkeit von wirtschaftlichen Kooperationspartnern über alle Länder- und Kontinentgrenzen hinweg ist die Welt gut or-

Politik und Wirtschaft

Kein Thema beherrscht die öffentliche Diskussion so sehr wie das Zusammenspiel zwischen Politik und Wirtschaft. Die Wirtschaft ist die Achse der Gesellschaft, hier wird produziert, verdient, investiert, werden Arbeitsplätze zur Verfügung gestellt und Löhne gezahlt. Da der Staat auf die Wirtschaftsleistung Steuern erhebt und mit diesen Einnahmen die Staatsausgaben finanziert, wird klar: Ohne ein funktionierendes Wirtschaftssystem hat keine Volkswirtschaft Aussicht auf Erfolg.

Das Prinzip des erfolgreichen Wirtschaftens ist einfach: Man findet ein Produkt, für das eine Nachfrage besteht, kauft dieses entweder fertig produziert oder die zur Herstellung benötigten Rohstoffe preiswert ein, produziert es in letztem Fall selbst und verkauft es mit Gewinn. Allerdings ist ein Wirtschaftssystem als Ganzes, aber auch seine einzelnen Teilbereiche stark dynamisch ausgerichtet, der gesamte Markt ist ständig in Bewegung und muss sich permanent ändernden Rahmenbedingungen unterwerfen. Die Veränderungen des Marktes durch digitale Technologien sind dafür ein gutes Beispiel.

Aufgrund der engen Verbindung von Staat und Wirtschaft dominiert daher, wann immer über Wirtschaft geredet wird, eine übergeordnete Leitfrage: Wie viel Staat braucht ein Wirtschaftssystem?

Betrachtet man die Grundausrichtung von Volkswirtschaften, so stehen sich zwei grundlegend unterschiedliche Systeme gegenüber: Kapitalismus und Sozialismus. Und weil eben Politik und Wirtschaft nicht zu trennen sind, resultieren daraus auch die zwei politischen Systeme Demokratie und Kommunismus.

Die Mächtigen in den kommunistischen Volkswirtschaften glaubten bzw. gaben vor, durch die Abschaffung von Privateigentum eine bessere Welt schaffen zu können. Sie waren überzeugt, eine Volkswirtschaft ohne freies Unternehmertum sei nicht nur denkbar, sondern das leistungsfähigere und gerechtere Modell. Folglich übernahm der Staat die Rolle des zentralen Wirtschaftsakteurs und plante die gesamte Ökonomie von oben herab; dieses Modell der sogenannten Planwirtschaft hat, wie die Geschichte bewiesen hat, niemals funktioniert.

Auf der anderen Seite steht der Kapitalismus, der durch freie Märkte und freies Unternehmertum geprägt ist. Aber auch dieses Wirtschaftssystem wirft Probleme auf, denn wenn das Kapital und somit diejenigen, die über Besitz verfügen, ihre Macht hemmungslos ausnutzen, bleiben nur zu oft die von diesem System Abhängigen, also die Arbeiter und Angestellten, auf der Strecke. Daher wurde vor allem im Nachkriegs-Europa ein Wirtschaftssystem ins Leben gerufen, das sich von den Prinzipien der freien Marktwirtschaft, wie sie beispielsweise in den USA herrscht, abgrenzt: Soziale Marktwirtschaft bedeutet, dass zwar im Prinzip alle Wirtschaftssubjekte frei agieren können, dass aber diejenigen, die von Unternehmen und Unternehmern als Lohnempfänger abhängig sind, besonders geschützt und abgesichert sind. Diese Absicherung bezieht sich nicht nur auf ein relativ breit und stabil strukturiertes Netz von Sozialleistungen, sondern den Arbeitskräften kommen hier im Vergleich zur freien Marktwirtschaft ziemlich weitreichende Rechte zu, etwa die betriebliche Mitbestimmung oder der Kündigungsschutz.

Der Staat spielt in der sozialen Marktwirtschaft zwar eine stärker regelnde Rolle als in der freien, ist aber nicht nur dafür zuständig, die rechtlichen Rahmenbedingungen für wirtschaftliches Handeln zu konzipieren. Vielmehr greift er auch aktiv in das Marktgeschehen – nicht zuletzt als Nachfrager von Produkten und Dienstleistungen – ein, und vor allem in Krisenzeiten bricht immer wieder eine Diskussion los, wie sich der Staat richtig verhalten soll.

In der Wirtschaftstheorie stehen sich zwei Lager mehr oder weniger unversöhnlich gegenüber. Auf der einen Seite sind die Monetaristen zu finden, auch als Neoklassiker bezeichnet, die der festen Überzeugung sind, der Staat habe sich weitmöglichst aus dem Wirtschaftssystem herauszuhalten, da sich die Märkte von allein regeln und das System so potent ist, dass staatliche Eingriffe unnötig seien.

Dem stehen die sogenannten Keynesianer, Anhänger der Lehre des Wirtschafts-Nobelpreisträgers John Maynard Keynes, gegenüber. Dessen Theorie besagt, dass der Staat als regelndes Element antizyklisch einzugreifen hat. In einer Rezession hat er die Aufgabe, die Wirtschaft durch Investitionen, zur Not auch kreditfinanziert, oder durch Steuerentlastungen zu stützen. Und natürlich impliziert das antizyklische Verhalten, dass der Staat in Boomzeiten die entstandenen Defizite wieder ausgleicht. Die daraus resultierenden Probleme sind allerdings vielschichtig. Denn wenn der Staat Kredite aufnimmt, um die Wirtschaft durch mehr Investitionen zu stützen, dann werden die Belastungen des Staatshaushalts in die oft leider doch zu ungewisse Zukunft verlegt, und in der Regel steigen durch dieses Verhalten auch die Zinsen. Die Kritiker dieser auch »Fiskalismus« genannten Wirtschaftstheorie konstatieren ihre Wirkungs losigkeit, da sich die gut gemeinten Effekte mit den negativen Auswirkungen im besten Fall ausgleichen und ansonsten die langfristigen Probleme hinsichtlich der Preisstabilität die kurzfristigen positiven Impulse nicht kompensieren können.

ganisiert, auch auf politischer Ebene sind eine Vielzahl etablierter Institutionen aktiv, die allesamt das geregelte Miteinander der Länder und nicht zuletzt auch den Schutz der Menschenrechte ihrer Bewohner garantieren sollen.

Die größte und somit auch wichtigste politische Institution sind die Vereinten Nationen (Uno), in der nahezu alle Länder der Welt vertreten sind.

In Europa dominiert ganz klar die Europäische Union; diese supranationale Vereinigung ist aus dem täglichen Leben unseres Kontinents nicht mehr wegzudenken.

Größtes und einziges ernst zunehmendes Verteidigungsbündnis der Welt ist die Nato, die nach dem Zusammenbruch des Warschauer Paktes quasi ohne offiziellen Gegner existiert.

Doch es gibt auch noch weitere nennenswerte politische und ökonomische Bündnisse.

Die Europaflagge: Bei zwölf Sternen war für immer Schluss. Auch wenn mittlerweile 27 Nationen in der EU vertreten sind, Sterne kommen keine mehr dazu, denn auf diese Weise kann das Emblem für immer so bleiben.

Die Europäische Union

Die Europäische Union ist mit derzeit über 490 Millionen Einwohnern der größte Staatenverbund der Welt und erwirtschaftet das weltweit größte Bruttoinlandsprodukt.

Die mittlerweile auf 27 Mitgliedsstaaten angewachsene Gemeinschaft hat sich zum Ziel gesetzt, in Europa durch ein friedliches Miteinander sowie die politische Aussöhnung dauerhaften Frieden zu sichern. Es werden gemeinsam soziale, politische und wirtschaftliche Ziele gefasst und verwirklicht. Oberste Maxime sind die Grundwerte der Freiheit, Demokratie, Rechtsstaatlichkeit und der Menschenrechte, denen sich jedes Land, das dieser Gemeinschaft beitreten möchte, verpflichten und deren Einhaltung es glaubhaft dokumentieren muss.

Darüber hinaus stehen ein kontinuierliches Wirtschaftswachstum, die Sicherheit von Arbeitsplätzen und die Solidarität der Mitgliedsstaaten untereinander im Fokus.

Das hochgesteckte Ziel, eine Vorbildfunktion für die Welt zu übernehmen, scheint Früchte zu tragen: Bei der Gründung der Afrikanischen Union zu Beginn dieses Jahrtausends wurde erklärtermaßen auf die Funktionsmechanismen der EU als Vorbild zurückgegriffen.

Das zentrale Problem, das die EU von Beginn an begleitet hat, ist neben der Berücksichtigung der Interessen möglichst vieler Mitgliedsländer auch die Abwägung zwischen Nutzen und Aufwand, den eine Mitgliedschaft für jedes einzelne Land mit sich bringt. Denn wenn ein Land in einer Abstimmung unterlegen ist, so handelt es sich hier nicht um den alltäglichen demokratischen Prozess einer mehrheitlich überstimmten Opposition innerhalb eines Volkes, sondern es wird gleich eine ganze Nation zum Verlierer erklärt. Da eine Vielzahl vor allem wirtschaftspolitischer Befugnisse von den Mitgliedsländern in die Hände dieser übergeordneten Instanz abgegeben wird, ist dies auch immer gleichbedeutend mit einem Verzicht auf Autonomie. Doch auch wenn die EU über die Jahrzehnte hinweg häufig belächelt wurde und fast ebenso häufig Krisen durchleben musste, ist sie doch ein Erfolgsmodell, das heute in Europa nur noch von unbedeutenden Minderheiten infrage gestellt wird.

Die Geschichte der EU

1951: Gründung der »Europäischen Gemeinschaft für Kohle und Stahl« (umgangssprachlich: Montanunion)

1957: Durch den Abschluss der Römischen Verträge wurde die EWG (Europäische Wirtschaftsgemeinschaft) gegründet.

1967: Mit der Gründung des Rates und der Kommission bekommt die E(W)G handlungsfähige Organe.

1979: Gründung des Europäischen Wechselkurssystems, Einführung fester Wechselkurse, Euro-Vorgänger ECU als virtuelle Leitwährung

1979: Erste Direktwahlen zum Europäischen Parlament

1986: Mit der Europäischen Politischen Zusammenarbeit erste zaghafte Gehversuche in Richtung einer gemeinsamen Sicherheits- und Außenpolitik

1993: Gründung der EU

1995: Wegfall der Grenzkontrollen aufgrund des Schengener Abkommens

2002: Einführung des Euro

Die Organe der EU

Selbstverständlich ist die EU als demokratische Einrichtung nach den Prinzipien der Gewaltenteilung konstruiert. Die Aufgaben der Judikative erfüllt der Europäische Gerichtshof mit Sitz in Luxemburg (nicht zu verwechseln mit dem Internationalen Gerichtshof der Vereinten Nationen in Den Haag), der über die einheitliche Einhaltung und Auslegung der rechtlichen Vorgaben wacht.

Die Exekutive übernimmt die Europäische Kommission, deren Aufgabe es ist, Gesetze vorzuschlagen und deren Notwendigkeit zu bewerten. Sie führt den Haushaltsplan aus, entscheidet im Rahmen der ihr von der Legislative zugewiesenen Kompetenzen und überwacht die Einhaltung der Beschlüsse in den einzelnen Mitgliedsstaaten.

An der Legislative sind zwei Kammern beteiligt: Rechtsverordnungen werden zum einen vom Europäischen Parlament und zum anderen vom Europäischen Rat beziehungsweise dem Rat der Europäischen Union beschlossen.

Europa und Rat, Rat und Rat

Insgesamt existieren drei unterschiedliche Einrichtungen, die man aufgrund der Ähnlichkeit der verwendeten Namensbauteile schon einmal durcheinanderbringen kann.

Zum einen gibt es den Europarat, der 1949 als Forum von 47 Staaten gegründet wurde, um sich über Themen, die in Europa auch über die Grenzen der EU hinaus interessieren, auszutauschen. Er hat mit der EU nichts zu tun.

Dann gibt es den Europäischen Rat, der zwar kein offizielles Organ der EU ist, mittlerweile jedoch zum wichtigsten und mächtigsten Gremium geworden ist. Dort treffen sich nämlich die Staats- bzw. Regierungschefs und bestimmen gemeinsam die Richtlinien der kommenden EU-Politik. Beim Vorsitz wechseln sich die Regierungschefs der Mitgliedsstaaten im halbjährlichen Turnus ab. Da die Konferenzen meist in dem Land stattfinden, das den Vorsitz innehat, sind die jeweiligen Ratsvorsitzenden i. d. R. besonders engagiert, unter ihrer Leitung wichtige Beschlüsse durchzusetzen, die dann unter wohlklingenden Bezeichnungen wie Vertrag von Amsterdam, von Nizza oder von Lissabon in die Annalen der EU eingehen.

Das offizielle Organ der Legislative, das die einzelnen Mitgliedsstaaten unmittelbar vertreten soll, ist allerdings der Rat der Europäischen Union.

Der Rat der Europäischen Union

Der Rat der Europäischen Union wird auch Ministerrat genannt, denn dort sind die einzelnen Länder durch die jeweiligen Fachminister der Ressorts, in denen die anstehenden Entscheidungen getroffen werden sollen, vertreten. Dies bedeutet: Wenn Beschlüsse gefasst werden sollen, die die Agrarpolitik der Europäischen Union betreffen, dann finden sich in diesem Ministerrat die jeweiligen Landwirtschaftsminister zusammen, um darüber zu befinden. Das Zusammenspiel mit dem Europäischen Rat dürfte klar sein: In der Regel wird im Rat der Europäischen Union kein Minister seine Entscheidungen entgegen den Vorgaben seines Regierungschefs im Europäischen Rat treffen.

Die Stimmenverteilungen der EU hängen von der Einwohnerzahl eines Landes ab und sind dementsprechend gestaffelt. Damit auch kleine Länder wie beispielsweise Malta (mit nur 0,08 % aller EU-Bürger) eine zählbare Rolle spielen und nicht völlig von den großen dominiert werden, herrscht hier eine gewisse Staffelung.

Je nachdem, wie das Thema gelagert ist und welche Regelung von den Richtlinien der EU vorgesehen ist, beschließt der Rat der Europäischen Union mit unterschiedlichen Mehrheiten. In manchen Fällen genügt die einfache Mehrheit, in manchen eine qualifizierte Mehrheit, was bedeutet, dass 255 von 345 Stimmen einwilligen müssen. Und auf Antrag muss festgestellt werden, ob die Zustimmung von mindestens 62 % der gesamten EU-Bevölkerung vorliegt.

Zukünftig wird in der EU das System der doppelten Mehrheit angestrebt. Dies bedeutet, dass für Verträge, die gültig werden sollen, oder für Gesetze, die in Kraft treten sollen, dann sowohl eine Mehrheit der Staaten als auch eine Mehrheit der gesamten EU-Einwohner vorliegen muss. Es ist absehbar, dass im Gegenzug das System der absoluten Mehrheiten, wie es heute bei grundlegenden Verträgen noch gilt, wohl allmählich abgeschafft wird. Denn eine Blockade durch eines oder wenige Länder, wie es am Beispiel des Vertrags von Lissabon (der Grundlagenvertrag, der der Europäischen Union eine einheitliche Struktur und eine Rechtspersönlichkeit geben soll) durch die Ablehnung der Iren per Volksabstimmung passierte, kann sich eine Institution, die aus 27 Ländern besteht, einfach nicht leisten, um überhaupt handlungsfähig zu sein.

Stimmenverteilung in der EU

Stimmen	Länder
29	Deutschland, Frankreich, Italien, Großbritannien
27	Polen, Spanien
14	Rumänien
13	Niederlande
12	Portugal, Ungarn, Belgien, Tschechien, Griechenland
10	Österreich, Schweden, Bulgarien
7	Litauen, Irland, Finnland, Dänemark, Slowakei
4	Luxemburg, Zypern, Estland, Slowenien, Lettland
3	Malta

Montanunion-Paraphierung 1951 = Gründungsversammlung der EU

Das Berlaymont-Gebäude in Brüssel, Sitz der Europäischen Kommission

Die Europäische Kommission

Die Europäische Kommission ist die Exekutive der EU und somit dafür verantwortlich, die Beschlüsse des Parlamentes und des Ministerrates entsprechend umzusetzen.

Sie verfügt über das exklusive Initiativrecht und ist somit das einzige Organ, das offiziell dazu befähigt ist, Gesetzesvorschläge zu unterbreiten und entsprechend vorzubereiten. Darüber hinaus ist sie verantwortlich für die korrekte Umsetzung der erlassenen Vorschriften und überwacht in Kooperation mit dem Europäischen Gerichtshof die Mitgliedsländer bei ihren diesbezüglichen Aufgaben.

Die EU-Kommission setzt sich – parallel zur Anzahl der Mitgliedsländer – aus insgesamt 27 Kommissaren zusammen; das bedeutete bisher, dass bei jedem Beitritt eines Landes die Kommission umgestaltet und ein neues Ressort hinzugefügt werden musste. Man ist sich einig, dass diese Praxis zukünftig nicht beibehalten werden kann; mittelfristiges Ziel ist es, die Kommission auf ca. zwei Drittel ihres bisherigen Umfangs zu reduzieren.

Die Europäische Kommission ist also nicht, wie die Regierungen in fast allen demokratischen Ländern, wenigstens indirekt frei gewählt, sondern sie wird paritätisch besetzt.

Das Europa-Parlament

Die zweite Kammer der Legislative in der EU, das Europa-Parlament mit Sitz im französischen Straßburg, wird seit 1979 alle fünf Jahre direkt von den Bürgern der Mitgliedsstaaten gewählt. Es ist das einzige frei gewählte, supranationale Parlament der Welt und repräsentiert unmittelbar den Willen aller 490 Millionen EU-Bürger.

Das Parlament teilt sich mit dem Rat der Europäischen Union die Gesetzgebungsfunktion und die Entscheidung über die Budgetierung des EU-Haushalts. Zusätzlich obliegt ihm die Kontrollfunktion über die EU-Kommission.

Das Besondere am Europa-Parlament ist, dass sich die Abgeordneten nicht in nationalen Gruppen zusammenfinden, sondern sich in Fraktionen organisiert haben, die ihrer politisch-ideologischen Weltanschauung entsprechen.

Die Sitzverteilung im Europäischen Parlament (Stand Dezember 2008) zeigt die nachfolgende Grafik:

Sitzverteilung im Europäischen Parlament nach Fraktionen

Stand: 4. Dezember 2008

Die Tatsache, dass die Europäische Kommission, die faktisch die Aufgaben einer nationalen Regierung ohne Richtlinienkompetenz übernimmt, nicht frei gewählt, sondern paritätisch durch die jeweiligen Mitgliedsländer besetzt wird, wirkt sich auch auf die Arbeit des Parlamentes aus: Hier existiert keine Opposition im herkömmlichen Sinne, und insofern konkurrieren zwar die unterschiedlichen politischen Lager auf Basis ihrer Geisteshaltung miteinander, aber die unmittelbare Konkurrenz um die Stimmen der Wähler findet nach wie vor in den Mitgliedsländern statt. Und so wird wohl auch überwiegend die Entscheidung über die Besetzung des Europäischen Parlamentes auf Basis der nationalen Politik getroffen. Das führt dazu, dass im Europa-Parlament weniger parteipolitische Zwänge das Abstimmungsverhalten beeinflussen und daher relativ häufig Konsens über die Partei- bzw. Fraktionsgrenzen hinaus erzielt wird.

Der EU-Haushalt

Natürlich dreht sich in der EU viel um Geld, und wann immer die Mittelverteilung der EU thematisiert wird, tauchen Begriffe wie Nettozahler und Nettoempfänger auf. Aber leider wird, wenn dieses Thema diskutiert wird, oft nur zu eindimensional ans Werk gegangen.

Fakt ist, dass bei der grundlegenden Gestaltung der EU das Solidaritätsprinzip der einzelnen Länder zueinander eine zentrale Rolle gespielt hat. Dies bedeutet nichts anderes, als dass reichere Länder mehr in den gemeinsamen Topf einzahlen und ärmere Länder mehr ausgezahlt bekommen – vor allem im Hinblick auf die Erweiterung der EU und den Beitritt von 21 Ländern in den vergangenen 50 Jahren ist dieses vermeintliche Ungleichgewicht so logisch wie selbstverständlich.

Denn man darf Folgendes nicht vergessen: Die Nettozahler, also wirtschaftlich leistungsfähige Länder wie Schweden, die Niederlande, Belgien, die Bundesrepublik Deutschland und Frankreich zahlen zwar in den gemeinsamen EU-Haushalt mehr ein, als sie unmittelbar zurückerhalten, aber man sollte dabei nicht aus dem Blick verlieren, dass diese Länder mit dem Export auch in die neuen Beitrittsländer enorme Außenhandelsüberschüsse erzielen.

Insgesamt sind aber bei der Mittelverwendung bei genauerem Hinsehen einige kaum akzeptable Unregelmäßigkeiten zu beobachten. So etwa hat Irland in den vergangenen Jahren ein beachtliches Wirtschaftswachstum zu verzeichnen, steht aber aufgrund nicht angepasster Auszahlungsquoten immer noch deutlich auf der Nehmer-Seite. Oder das Beispiel Großbritannien, das sich neben der Inanspruchnahme zahlreicher anderer Sonderregelungen den sogenannten Briten-Rabatt einräumen ließ. Dies bedeutet, dass aufgrund eines dort wenig ertragreichen Agrarsektors ein großer Teil der britischen Zahlungen an die EU direkt wieder auf die Insel zurücküberwiesen wird. Es steht völlig außer Frage, dass die Haushaltsplanungen der EU eines der größten Streitthemen darstellt und dass hier auch noch einiges an Handlungsbedarf vorliegt.

Eine Zahl zum Haushalt insgesamt: Die EU kalkuliert ihre Finanzplanung gern über die normale Jahresfrist hinaus, und so steht ihr für den Zeitraum 2007 bis 2013 ein Etat von 975 Milliarden Euro zur Verfügung.

Die Mitgliedsbeiträge der Staaten bemessen sich zum einen nach einem festgelegten Anteil an der Mehrwertsteuer, zum anderen werden Zölle, die an den EU-Außengrenzen erhoben werden, abgeführt.

Die Haushaltsmittel für das Jahr 2008 teilen sich wie folgt auf: 33 % gehen in die Subvention der Landwirtschaft, 44 % fließen in Fördermaßnahmen, die die Infrastruktur der Mitgliedsländer, vor allem der wirtschaftlich schwächeren Länder, aber auch der schwachen Regionen in insgesamt leistungsfähigeren Ländern stärken sollen. 11 % werden für die ländliche Entwicklung, also unter anderem für Projekte im Bereich Umweltschutz, bereitgestellt. 5 % sind für Politikbereiche außerhalb der EU reserviert, also für die Durchführung von humanitären Maßnahmen, für die Entwicklungshilfe oder für Projekte, die in anderen Ländern

Ein Drittel der gesamten EU-Ausgaben fließt in Form von Agrar-Subventionen in die Landwirtschaft.

demokratische Strukturen fördern beziehungsweise stabilisieren und die Wahrung der Menschenrechte gewährleisten sollen. Die verbleibenden 8 % fließen in den Betrieb dieser gigantischen Institution, die insgesamt mehr als 30.000 Beschäftigte in Lohn und Brot hält.

Erfolge der EU

Es ist noch gar nicht so lange her, da pendelte die EU in der öffentlichen Diskussion konsequent zwischen Lachnummer und Aufreger hin und her. Kommentatoren wie Kabarettisten rieben sich an der vermeintlichen Regelungswut der Eurokraten, und der vorgeschriebene Krümmungsgrad von Gurken war gern zitierter Pars pro Toto für den Bürokratie-Wahnsinn, dem wir uns da angeblich ausgeliefert hätten.

Aber: Diese kritischen bis polemischen Stimmen sind ruhig geworden, denn mittlerweile kann niemand mehr die Erfolge der EU ignorieren.

• Die Integration neuer Mitglieder

Die fortgesetzte Eingliederung wirtschaftlich im direkten Vergleich (noch) nicht sonderlich leistungsfähiger neuer Mitglieder wird von der EU offenbar problemlos verkraftet. Sogar »zehn auf einen Streich«, so wie es im Jahre 2004 der Fall war, scheinen nahezu reibungslos integriert zu werden. Offensichtlich sind die Chancen, die sich hinter dem Beitritt neuer Länder für die alten Mitglieder bieten, so attraktiv und ist der ökonomische Schub, der in diesen neuen EU-Mitgliedsländern ausgelöst wird, so nachhaltig, dass ernsthafte Probleme schlichtweg nicht zu erkennen sind.

Reihenfolge des Beitritts

Gründung 1957:	Belgien, Bundesrepublik Deutschland, Frankreich, Italien, Luxemburg und die Niederlande
1973:	Dänemark, die Republik Irland und das Vereinigte Königreich (Die norwegische Regierung wollte, konnte aber nicht, weil eine Volksabstimmung dagegen votierte)
1981:	Griechenland
1986:	Portugal und Spanien
(1990):	(Die Ex-DDR)
1995:	Österreich, Schweden, Finnland
2004:	Estland, Lettland, Litauen, Polen, Tschechien, Slowakei, Ungarn, Slowenien, Malta und Zypern
2007:	Bulgarien und Rumänien

• **Der Euro**

Noch in der ersten Hälfte des vergangenen Jahrhunderts hätte es niemand für möglich gehalten, dass die über Jahrhunderte verfeindeten Länder Europas heute über eine gemeinsame Währung verfügen würden. Nur drei Länder, Großbritannien, Dänemark und Schweden, verzichten noch auf die Einführung des Euros und schauen sich die Entwicklung aus der Distanz an. Großbritannien und Dänemark haben sich allerdings beim Abschluss der entsprechenden Verträge das Sonderrecht einräumen lassen, die Einführung irgendwann mal nachholen zu können, und in Schweden sollte die Einführung entsprechend der Weisungen des Maastricht-Vertrags eigentlich längst vollzogen sein, man sträubt sich aber noch. Doch wie lange noch?

Alle neu aufgenommenen Länder stehen in der Pflicht, den Euro als gesetzliches Zahlungsmittel einzuführen, und im Rahmen der Beitrittsverhandlungen wurde auch für jedes Land festgelegt, wann die Umstellung stattfinden wird – vorausgesetzt, dass die betreffenden Länder auch die vorgegebenen Stabilitätskriterien (wie z. B. Vorgaben hinsichtlich der Inflationsrate und der Neuverschuldung) einhalten.

Hüter der Währung ist die Europäische Zentralbank (EZB) mit Sitz in Frankfurt am Main, die durch geldpolitische Maßnahmen wie die Festlegung von Leitzinsen über die Preisstabilität wacht und so anstrebt, die Inflationsrate in den Euro-Ländern zu kontrollieren. Sie wacht über das Bankensystem, kontrolliert die Währungsreserven der Länder und ist ebenso für die Versorgung mit Bargeld verantwortlich.

Der Euro ist übrigens über die EU-Grenzen hinaus Zahlungsmittel. Da einst zwischen Monaco und Frankreich eine Währungsunion bestand, ist der Euro dort auch offizielle Währung, ebenso wie in Andorra, wo Franc und Peseta offizielle Zahlungsmittel waren.

Ein Zeichen für Einheit Europas: Der Euro

Und auch die D-Mark hat der EU ein bis zwei Neu-Euro-Länder außerhalb der EU beschert. Denn Montenegro hatte im Zuge seiner Unabhängigkeitserklärung die D-Mark als offizielles Zahlungsmittel eingeführt, und dem bislang noch nicht als souveränes Land anerkannten Kosovo wurde nach dem dortigen Krieg die D-Mark von der UN-Verwaltung als offizielles Zahlungsmittel verordnet.

• Das Schengener Abkommen

Auch der nahezu vollständige Wegfall der Grenzkontrollen an den innereuropäischen Grenzen ist ein beispielloser Erfolg. Die EU wird gelebt, und der Wegfall der Pass- und Zollkontrollen ist für den Reisenden neben der gemeinsamen Währung das deutlichste Beispiel für die Einheit. Ausnahmeregelungen machen lediglich die Briten und die Iren geltend. Selbst einige kleinere europäische Länder, die nicht EU-Mitglied sind, schließen sich dem Schengener Abkommen an.

Mittlerweile ein Museumsstück: der Schlagbaum an der deutschen Grenze

Das erklärt sich aus ähnlich simplen Gründen wie beim Euro: In Monaco gab es bereits zuvor keine Passkontrollen beim Verkehr mit dem einstigen Grenzland Frankreich, für die Vatikanstadt bzw. San Marino und Italien gilt dasselbe. Die Schweiz als Nicht-EU-Land hat sich angeschlossen, und da Liechtenstein keine Passkontrollen mit der Schweiz hat, ist auch das kleine Fürstentum dabei. Als Mitglieder des nordischen Passabkommens sind auch Norwegen und Island beteiligt, obwohl sie nicht der EU angehören.

Die Chancen

Betrachtet man die Erfolge der EU, so fällt eines eklatant ins Auge: die dynamische Langfristigkeit der Entwicklungen. Zwei Faktoren haben mehr als alles andere die Entwicklung der EU bestimmt: Zeit und Logik.

Beispiel Euro: Die Wurzeln zu dieser Idee liegen bereits im Jahr 1970. In der Folge wurde in Europa allmählich ein System fester Wechselkurse eingerichtet, das mit einer festen Umrechnungsgröße, ECU genannt, einherging. Der ECU funktionierte im Hintergrund, konnte sich aber nicht richtig durchsetzen. Der nächste Schritt, die gemeinsame Währung, war eine logische Konsequenz. Dies soll allerdings nicht den Mut der Väter und Mütter des Euro relativieren, ihn dann tatsächlich auch einzuführen. Dies war eine große, eine historische Tat, nicht unumstritten und umso mutiger, weil weltweit ohne Vorbild.

Wenn man diese allmählichen Entwicklungen und logischen Gedankenketten nun auf andere Politikbereiche überträgt, kann man sich ungefähr vorstellen, wohin in den nächsten Jahren die europäische Reise gehen wird:

- **Verteidigung**

Europa hat die Grenzen im Inneren abgeschafft und konzentriert sich nun voll auf die Sicherung der Außengrenzen; eine Verantwortung, die natürlich nicht nur

Wird die Bundeswehr bald durch eine europäische Armee abgelöst?

dem einzelnen Land zukommt, denn schließlich ist ja bei Problemen die ganze Gemeinschaft betroffen. Und drei Mitgliedsländer, Österreich, Luxemburg und Tschechien, befinden sich in der komfortablen Situation, ausschließlich von EU-Partnern umgeben zu sein. Und auch Nichtmitglieder wie die Schweiz oder die diversen Zwergstaaten, die im Schoß der EU eingebettet sind, profitieren davon. Keine Frage, dass sich auch diese an einer einheitlichen Lösung zur Grenzsicherung beteiligen müssen.

Hinzu kommt: Nahezu alle EU-Staaten sind Mitglieder der Nato oder stehen wenigstens in enger Kooperation mit dieser. Gemeinsam führt man Auslandseinsätze durch und manchmal sogar, wie in der Kosovo-Krise, einen richtigen Krieg. Also stellt sich die Frage: Warum haben wir nicht mittlerweile eine gemeinsame europäische Armee? Die Entwicklung ist absehbar.

• Gemeinsame Strafverfolgung

Wenn Verbrecher problemlos an einem Tag fünf, sechs oder sieben Landesgrenzen überschreiten können, müssen die Strafverfolgungsbehörden entsprechend reagieren können. Eine gemeinsame Strafverfolgung macht allerdings nur Sinn, wenn in den Ländern auch einheitliche Strafgesetze vorhanden sind. Die schrittweise Einführung und Etablierung eines europaweit einheitlichen Strafrechts sowie voll funktionsfähiger Strafverfolgungsbehörden werden folglich Themen sein, die in naher Zukunft in Europa angegangen werden.

• Einheitliche Steuerpolitik

Menschen wie Unternehmen genießen in Europa (von einigen befristeten Ausnahmen bei neuen Mitgliedern abgesehen) uneingeschränkte Freizügigkeit. Wo immer man sich niederlassen will, man kann es tun. Standortvor- und -nachteile werden allerdings häufig aufgrund von unterschiedlichen Steuergesetzen generiert. So konkurrieren die EU-Länder mit unterschiedlichen Steuersätzen, Ausnahmen von der Regel, Möglichkeiten zum Kuhhandel und nicht zuletzt auch variierenden strafrechtlichen Vorschriften.

Zum Beispiel bietet das kleine Erzherzogtum Luxemburg den konkurrenzlos günstigsten Mehrwertsteuertarif in der EU. Aber ob dort ein Unternehmen vom gesamten Umsatz 15 % oder, wie in Deutschland, 19 % abführen muss, ist kein Pappenstiel: Den Vorteil von um 4 % höhere Erlöse kann kein Unternehmen ausblenden. Und nicht nur wegen der Mehrwertsteuer, sondern wegen der auch sonst zurückhaltenden Steuerpolitik sammeln sich in Luxemburg hoch attraktive und vor allem hoch potente Weltfirmen. Und nicht zuletzt wegen dieser sehr entspannten Steuerpolitik landet dieses kleine Ländchen auch prompt auf Rang eins, wenn das Bruttosozialprodukt pro Einwohner verglichen wird, das die wirtschaftliche Leistungsfähigkeit der unterschiedlichen Volkswirtschaften transparent wiedergibt.

Auf Dauer wird für solche Fälle eine entsprechende Angleichung stattfinden, denn die Grenzen auf der einen Seite zu öffnen und völlige Freizügigkeit zu gewähren, aber auf der anderen Seite diese Form absurden Wettbewerbs zu forcieren, dessen negative Folgen am Ende über einen großen gemeinsamen Topf wieder ausgeglichen werden müssen, ist paradox.

Die Entschlossenheit, mit der diese Prognosen aufgestellt wurden, beinhaltet selbstverständlich eine gewisse Entwicklungsphase. In vielen Bereichen befinden wir uns bereits mittendrin, einige werden wohl erst noch allmählich an Fahrt aufnehmen müssen. Die Europa-Logik aber gebietet unmissverständlich: Ob Armee, Justiz oder Fiskus (die Liste mit weiteren Themen ist lang) – es stellt sich lediglich die Frage, wann hier endgültige Regelungen in Kraft treten werden: Wird es der Vertrag von Nikosia (Ratspräsidentschaft Zypern 2012), Rom (Italien tritt 2014 die Ratspräsidentschaft an) oder Bukarest (Rumänien übernimmt 2019) sein?

Die Mitgliedsstaaten der EU

Die Anzahl der EU- Mitgliedsstaaten ist mittlerweile auf 27 angewachsen. Grund genug, einen kurzen Überblick über die einzelnen Länder zu geben und auf Besonderheiten hinzuweisen.

Das Bruttoinlandsprodukt (BIP) ist die Summe aller für den Endverbrauch bestimmten Produkte und Dienstleistungen, die innerhalb eines Jahres in einem Land hergestellt werden. Und wenn man das durch die Anzahl der Einwohner teilt, erhält man einen Wert, der zum Vergleich der wirtschaftlichen Leistungsfähigkeit von Volkswirtschaften geeignet ist.
Der Human Development Index (HDI) ist eine Maßzahl, in der vier Faktoren für die Entwicklung eines Landes zusammengefasst sind:
- die durchschnittliche Lebenserwartung,
- die Analphabetenquote,
- die Schuleinschreibungsrate sowie
- die reale Kaufkraft pro Einwohner.

• **Belgien (amtliche Vollform: Königreich Belgien)**
Hauptstadt: Brüssel; Monarchie; EU-Mitglied seit der Gründung 1957; Einwohner: 10,6 Mio. (EU-Rang 11); BIP/Kopf: 30.000 € (EU-Rang 7); HDI: 0,946 (EU-Rang 9); Haushaltsstatus: Geber; Euroland

Die politische Lage in Belgien ist schwierig, um nicht zu sagen brisant. Denn die beiden größten Volksgruppen, die französisch sprechenden Wallonen auf der einen und die niederländisch ausgerichteten Flamen auf der anderen Seite scheinen sich zunehmend unversöhnlich gegenüberzustehen. Dieser Umstand ist nicht erst seit kurzem bekannt, denn schon bei der Gründung des Landes durch die Abspaltung von den Niederlanden im Jahr 1830 stellte der damals eingesetzte König Leopold I. fest: »Belgien ist keine Nation und wird es nie sein«. Die Probleme der beiden Volksgruppen haben sich bis in die heutige Zeit nicht lösen lassen, und das führte zu zahlreichen Regierungswechseln, da die gesamte politische Diskussion von den Konflikten beherrscht wird. Jede politische Grundströmung ist doppelt besetzt, und nicht erst einmal war die tatsächliche Aufteilung des Landes ein ernstes Thema.

• **Bulgarien (amtliche Vollform: Republik Bulgarien)**
Hauptstadt: Sofia; Republik; EU-Mitglied seit 2007; Einwohner: 7,7 Mio. (EU-Rang 16); BIP/Kopf: 3700 € (EU-Rang 26); HDI: 0,824 (EU-Rang 25); Haushaltsstatus: Nehmer; Euro-Einführung 2012

Neben Rumänien ist Bulgarien das jüngste EU-Mitglied. Zwar zeichnet es sich durch eine besonders schwache Wirtschaftsleistung aus, aber auf lange Sicht soll das die Bulgaren nicht unnötig irritieren, denn andere Länder, die bei ihrem Beitritt noch als das Armenhaus Europas bezeichnet wurden, stehen heute bereits an der Spitze der Gegenüberstellung des Bruttoinlandsprodukts, wie etwa Irland.

Keine der acht im Parlament vertretenen Parteien in Bulgarien dominiert, sodass Koalitionen erforderlich sind, um entsprechende Mehrheiten herzustellen. Der Präsident als Staatsoberhaupt wird direkt vom Volk gewählt, und der Regierungschef ist dem Parlament verantwortlich.

• **Dänemark (amtliche Vollform: Königreich Dänemark)**
Hauptstadt: Kopenhagen; Monarchie; EU-Mitglied seit 1973; Einwohner: 5,6 Mio. (EU-Rang 17); BIP/Kopf: 34.600 € (EU-Rang 3); HDI: 0,949 (EU-Rang 6); Haushaltsstatus: Geber; bislang Euro-Verweigerer

Die politische Struktur in Dänemark ist von der Konkurrenz zwischen Liberal-Konservativen und Linken geprägt. In dem für eine Monarchie untypischen Ein-Kammer-Parlament sind insgesamt neun Parteien vertreten, die sich zu einem linken und einem bürgerlichen Lager zusammengefunden haben.

Neben dem klassischen Kernland im nördlichen Zentraleuropa gehören zum Königreich Dänemark noch zwei innenpolitisch vollständig autonome Gebiete, die nur außenpolitisch von Dänemark mit vertreten werden: Färöer und Grönland. Färöer war nie Mitglied der EU, Grönland hingegen schon, ist aber als einziges Land im Jahre 1985 ausgetreten, weil es mit den EU-Prinzipien der Fischereipolitik nicht einverstanden war.

Fußball-Nationalmannschaften
Immer, wenn es um internationale Fußballturniere geht, wundert sich der welt- beziehungsweise europapolitisch bewanderte Fußballfreund: Plötzlich erscheinen Nationalmannschaften von Ländern, die es so eigentlich gar nicht gibt. Ob die Färöerinseln, Schottland, Wales oder auch Nordirland: Der Grund, warum diese außenpolitisch nicht selbstständigen Landesteile von Dänemark beziehungsweise Großbritannien über eigene Nationalmannschaften verfügen, liegt allein bei der UEFA. Denn dort sind die jeweils eigenständigen Fußballverbände Mitglied und somit berechtigt, auch eigene »National«-Mannschaften auflaufen zu lassen.
Zuwachs ist auch in Sicht: Grönland wird wohl bald dazustoßen. Bisher war es vonseiten der UEFA vorgegeben, dass mindestens ein Naturrasenplatz im jeweiligen Land vorhanden sein musste; daran mangelte es Grönland aus naheliegenden Gründen. Dieser Passus wurde aber nun abgeschafft.

- **Deutschland (amtliche Vollform: Bundesrepublik Deutschland)**

Hauptstadt: Berlin; Republik; EU-Mitglied seit der Gründung 1957; Einwohner: 82,2 Mio. (EU-Rang 1); BIP/Kopf: 28.500 € (EU-Rang 10); HDI: 0,935 (EU-Rang 14); Haushaltsstatus: Geber; Euroland

Die deutsche Legislative wird von einem relativ gleichberechtigten Zwei-Kammer-System bestimmt.

Im Parlament sind mittlerweile fünf Parteien vertreten. Die zweite Kammer, der Bundesrat, nimmt eine besondere Stellung ein. In vielen anderen Zwei-Kammer-Parlamenten wird die zweite Instanz ebenfalls durch direkte Wahlen bestimmt. Nicht so in Deutschland, wo sich die zweite Kammer automatisch durch die Regierungen der Bundesländer bildet.

Eurovision Song Contest
Wenn sich alljährlich Europas Sangeskünstler treffen, um den Gewinner des Eurovision Song Contest zu küren, so fällt auf: Die Grenzen von Europa werden hier sehr, sehr großzügig ausgelegt. Der Grund dafür ist einfach zu benennen: Die Veranstaltung wird von der Europäischen Rundfunkunion EBU ausgerichtet. Und diese EBU, ursprünglich gegründet zum Austausch von Nachrichten unter den Rundfunkgesellschaften der beteiligten Staaten, hat schon lange die Grenzen Europas hinter sich gelassen. Mittlerweile sind 57 Staaten auch aus Nordafrika, dem Nahen Osten und Zentralasien dort Mitglied. Und da jedes Mitgliedsland berechtigt ist, seine Musiker dorthin zu entsenden, werden wir vielleicht zukünftig dort auch Teilnehmer aus Marokko, Tunesien oder Jordanien begrüßen dürfen.

• Estland (amtliche Vollform: Republik Estland)
Hauptstadt: Tallinn; Republik; EU-Mitglied seit 2004; Einwohner: 1,3 Mio. (EU-Rang 24); BIP/Kopf: 11.100 € (EU-Rang 20); HDI: 0,86 (EU-Rang 23); Haushaltsstatus: Nehmer; Euro-Einführung 2010

Estland ist das nördlichste der drei baltischen Länder und somit einer von den drei Staaten, die den vor einigen Jahren noch undenkbaren Weg aus der ehemaligen Sowjetunion in die EU gefunden haben. Im Ein-Kammer-Parlament finden sich fünf Parteien, die alle miteinander prinzipiell koalitionsfähig sind. Mit »nur« 66,9 % lag die Zustimmung bei der Volksabstimmung zum EU-Beitritt auf einem vergleichsweise niedrigeren Niveau, in anderen jüngeren Beitrittsländern wie Litauen, Slowenien oder Slowakei lag sie bei über 90 %.

• **Finnland (amtliche Vollform: Republik Finnland)**

Hauptstadt: Helsinki; Republik; EU-Mitglied seit 1995; Einwohner: 5,3 Mio. (EU-Rang 19); BIP/Kopf: 32.800 € (EU-Rang 4); HDI: 0,952 (EU-Rang 4); Haushaltsstatus: Nehmer; Euroland

Finnland nahm über Jahrzehnte aus westeuropäischer Sicht einen besonderen Status ein, da es als einziges westliches Land über eine direkte Grenze mit der Sowjetunion verfügte. Das führte nach dem Zweiten Weltkrieg zu einer besonders freundschaftlichen Beziehung beider Länder. Heute besteht in Finnland ein Ein-Kammer-Parlament, in dem acht Parteien vertreten sind; drei große Parteien liegen dort annähernd gleich auf. Traditionell finden sich zwei davon zusammen und suchen sich eine dritte von den Kleinen für eine Große Koalition, und das geschieht in der Regel auch, wenn die zwei Großen allein schon über eine absolute Mehrheit verfügen.

• **Frankreich (amtliche Vollform: Französische Republik)**

Hauptstadt: Paris; Republik; EU-Mitglied seit der Gründung 1957; Einwohner: 64,5 Mio. (EU-Rang 2); BIP/Kopf: 29.200 € (EU-Rang 9); HDI: 0,952 (EU-Rang 4); Haushaltsstatus: Geber; Euroland

Frankreich ist das einzige Land der EU, das durch ein präsidentielles Regierungssystem geführt wird. Die Legislative setzt sich aus zwei Kammern zusammen. In der direkt gewählten Nationalversammlung ist ein starkes konservatives Lager vertreten. Die viel zitierte rechtsextreme Front National steht dort bei 5 %. Das gesamte Land, also nicht nur die politische Struktur, ist stark zentralistisch aufgebaut: Alles dreht sich um und ballt sich in Paris. Frankreich hat über die ganze Welt verteilt noch kleine überseeische Territorien (Karibik, Südsee, Indischer Ozean, Südamerika), ist Atommacht, eines der fünf ständigen Mitglieder des UN-Sicherheitsrats und seit vielen Jahrzehnten nicht mehr

Nato-Mitglied. Alles deutet allerdings darauf hin, dass sich dies in naher Zukunft ändern wird.

• **Griechenland (amtliche Vollform: Hellenische Republik)**

Hauptstadt: Athen; Republik; EU-Mitglied seit 1981; Einwohner: 11,2 Mio. (EU-Rang 9); BIP/Kopf: 20.600 € (EU-Rang 14); HDI: 0,936 (EU-Rang 13); Haushaltsstatus: Nehmer; Euroland

Die politische Landschaft in Griechenland ist noch relativ jung, da fast alle Parteien erst nach dem Sturz der Militärjunta im Jahre 1974 gegründet wurden. Insgesamt finden sich dort fünf Parteien im Parlament, es herrscht der klassische Wettbewerb zwischen den zwei großen Lagern liberal-konservativ und sozialdemokratisch vor. Absolute Mehrheiten für eine Partei sind dort nicht die Ausnahme.

Vor einigen Jahren stellte sich heraus, dass sich die Griechen bei den Beitrittsverhandlungen hinsichtlich der wirtschaftlichen Rahmendaten offensichtlich nicht immer im gebotenen Maße an die Wahrheit gehalten haben. Hätten sie dies getan, so wären sie wahrscheinlich damals nicht in diesen illustren Kreis aufgenommen worden.

• **Großbritannien (amtliche Vollform: Vereinigtes Königreich Großbritannien und Nordirland)**

Hauptstadt: London; Monarchie; EU-Mitglied seit 1973; Einwohner: 60,2 Mio. (EU-Rang 3); BIP/Kopf: 32.100 € (EU-Rang 6); HDI: 0,946 (EU-Rang 9); Haushaltsstatus: Geber; will über die Einführung des Euro eine Volksbefragung durchführen

Großbritannien oder das »United Kingdom« ist, wie der englische Name bereits suggeriert, eine Vereinigung der drei ehemals selbstständigen Königreiche England, Wales, Schottland und dem aus der Teilung der Republik Irland nach dem anglo-irischen Krieg hervorgegangenen Nord-Irland. Wenn es um EU-Themen geht, so sind die Briten die uneingeschränkten Meister im Einfordern von Ausnahmen: Bei den Beiträgen setzten sie den Briten-Rabatt durch, wann der Euro eingeführt wird, bestimmen sie selbst und auch beim Schengener Abkommen gab es Ausnahmeregelungen.

Faktisch herrscht dort ein Zwei-Parteien-System vor, in der Regierung wechseln sich Conservatives und Labour in unregelmäßigen Abständen ab. Die Besonderheit: Großbritannien hat keine geschriebene Verfassung. Zwar gibt es mit der »Bill of Rights« einen Text, der einer Verfassung nahekommt, aber in der täglichen Praxis werden alle Gesetze als gleichrangig und somit auch gleich wichtig betrachtet. Die Legislative teilt sich in zwei Kammern auf. Heute spielt im Vergleich zur Geschichte das House of Commons (Unterhaus) die wichtigere Rolle, und das einstmals mächtigere House of Lords (Oberhaus) übernimmt aktuell überwiegend die Funktion einer Kontrollinstanz. Seit 1997 verfügen Wales, Schottland und Nordirland über eigene Parlamente mit eigenen Kompetenzen, ähnlich den deutschen Landtagen.

• Irland (amtliche Vollform: Irland)

Hauptstadt: Dublin; Republik; EU-Mitglied seit 1973; Einwohner: 4,2 Mio. (EU-Rang 20); BIP/Kopf: 42.200 € (EU-Rang 2); HDI: 0,959 (EU-Rang 1); Haushaltsstatus: Nehmer; Euroland

Irland ist in den vergangenen Jahrzehnten wie kaum ein anderes europäisches Land von einem gewalttätigen Konflikt beherrscht worden, den viele mit bürgerkriegsähnlichen Zuständen verglichen haben. Er basiert auf der Teilung von Irland im Zuge der Loslösung vom britischen Commonwealth nach dem britisch-irischen Krieg im Jahre 1921. Die Probleme entzündeten sich zwischen den weniger wohlhabenden katholischen Iren und den besser gestellten protestantischen Briten. Somit war bzw. ist Irland die letzte Bastion in der EU, wo die Konfession noch eine politische Rolle spielt. Der bewaffnete Konflikt, dem über 4000 Menschen zum Opfer fielen, gilt seit 2005 offiziell als beendet.

Aber Irland nimmt noch eine Sonderolle ein: Während es noch zu Zeiten des Beitritts und auch danach als »Armenhaus Europas« bezeichnet wurde, hat sich mittlerweile das Blatt gewendet. In wenigen Jahren hat man sich dort mit einer gewitzten Wirtschaftspolitik an die Spitze der wirtschaftlichen Leistungsfähigkeit katapultiert.

• **Italien (amtliche Vollform: Italienische Republik)**
Hauptstadt: Rom; Republik; EU-Mitglied seit der Gründung 1957; Einwohner: 59,6 Mio. (EU-Rang 4); BIP/ Kopf: 25.200 € (EU-Rang 11); HDI: 0,941 (EU-Rang 12); Haushaltsstatus: Geber; Euroland

Denkt man an Italien, denkt man an Regierungskrisen. Zumindest in der Vergangenheit war das auch so, allerdings muss man den Eindruck auch ein wenig relativieren. Denn nicht jede von den 59 (!) neuen Regierungen, die dort seit dem Zweiten Weltkrieg ins Amt kamen, waren auch tatsächliche Regierungswechsel, vielmehr handelte es sich häufig »nur« um umfassende Kabinettsumbildungen. Aber nichtsdestotrotz waren auch vollständige Regierungswechsel häufig: Insgesamt 21 Mal wurde dort das Führungspersonal samt Ministerpräsident ausgetauscht – Europarekord!

In Italien übernimmt die gesetzgeberische Funktion ein Zwei-Kammer-Parlament; in der zweiten Kammer, dem Senat, sitzen neben gewählten Mitgliedern auch Senatoren auf Lebenszeit. Die politische Instabilität resultierte nicht zuletzt aus dem Umstand, dass zu viele Parteien in der ersten Kammer, dem Parlament, vertreten waren. Seit 2005 gelten nun dort Sperrklauseln, und die dadurch deutlich reduzierte Anzahl an Parteien hat sich in zwei großen Parteienbündnissen zusammengefunden: Mitte-Links (L'Unione) und Bürgerliche (Casa delle Libertà), bestehend aus einer Vielzahl unterschiedlicher kleinerer und größerer Gruppen.

• **Lettland (amtliche Vollform: Republik Lettland)**
Hauptstadt: Riga; Republik; EU-Mitglied seit 2004; Einwohner: 2,3 Mio. (EU-Rang 22); BIP/Kopf: 8500 € (EU-Rang 23); HDI: 0,855 (EU-Rang 24); Haushaltsstatus: Nehmer; Euro-Einführung 2012

Lettland ist geografisch der mittlere der baltischen Staaten. Dort sind sieben Parteien bzw. Listenverbände im Parlament vertreten. Da die politischen Relationen (noch) nicht gefestigt sind, hat sich auch (noch) kein politisches Übergewicht gebildet. Im Kabinett, das vom Ministerpräsidenten, der der Partei mit den meisten Sitzen entstammt, bestimmt wird, sind daher auch viele Parteien vertreten.

• **Litauen (amtliche Vollform: Republik Litauen)**
Hauptstadt: Vilnius; Republik; EU-Mitglied seit 2004; Einwohner: 3,4 Mio. (EU-Rang 21); BIP/Kopf: 10.000 € (EU-Rang 21); HDI: 0,862 (EU-Rang 22); Haushaltsstatus: Nehmer; Euro-Einführung in 2010

Litauen ist zwar eine parlamentarische Demokratie, aber der Präsident hat hier deutlich mehr Rechte und Pflichten als beispielsweise in Deutschland. Vor allem stehen ihm Kompetenzen in der Außenpolitik zu, die ihn noch dem Außenminister überordnen. Zudem verfügt er über ein Veto-Recht, mit dem er das Gesetzgebungsverfahren beeinflussen kann. Die Parteienlandschaft ist abseits der zwei Großen (Konservative und Sozialdemokraten) kaum ideologisch sortiert, sondern wird durch einzelne Figuren geprägt, die dann aus sich, ihren Ideen und Anhängern Parteien geformt haben.

• **Luxemburg (Amtliche Vollform: Großherzogtum Luxemburg)**
Hauptstadt: Luxemburg; Monarchie; EU-Mitglied seit 1957; Einwohner: 0,5 Mio. (EU-Rang 26); BIP/Kopf: 49.200 € (EU-Rang 1); HDI: 0,944 (EU-Rang 11); Haushaltsstatus: Geber; Euroland

Luxemburg, Sitz des Europäischen Gerichtshofs, ist ein Erzherzogtum und wird von einer christlich-sozialdemokratischen Großen Koalition regiert. Die Wirtschaft floriert wie in keinem anderen europäischen Land, und das liegt nicht nur an der Rolle als Banken- und Finanzplatz. Vielmehr zeigen die Luxemburger, wie man mit einer Steuerpolitik, die nur in einem Zwergstaat realisierbar ist, Geld einnimmt: Der Tank- und Zigarettentourismus spült durch die wegen niedriger Steuern extrem günstigen Tarife Hunderte von Millionen in die luxemburgischen Kassen, und der niedrigste Mehrwertsteuersatz in der EU lockt internationale IT-Firmen wie u. a. eBay, Amazon, Paypal, Microsoft oder Apple an.

- **Malta (amtliche Vollform: Republik Malta)**

Hauptstadt: Malta; Republik; EU-Mitglied seit 2004; Einwohner: 0,4 Mio. (EU-Rang 27); BIP/Kopf: 12.700 € (EU-Rang 17); HDI: 0,878 (EU-Rang 18); Haushaltsstatus: Nehmer; Euro-Einführung 2020

In Malta, dem kleinen Drei-Inseln-Staat im Mittelmeer, herrscht ein klassisches Zwei-Parteien-System, so wie im ehemaligen Mutterland Großbritannien. Allerdings ist die politische Landschaft in Malta von einer großen Rivalität der zwei Lager beherrscht. Die politischen Gräben sind hier so fundiert, dass die identitätsstiftende Zugehörigkeit zu einem der beiden Lager nicht nur das gesamte Leben bestimmt, sondern quasi von einer Generation auf die nächste vererbt wird. Wahrscheinlich ist dies auch der Grund für die nur sehr knapp ausgefallene Zustimmung für den EU-Beitritt im Jahre 2004: Nur 54 % der Bevölkerung stimmten mit »Ja«.

- **Niederlande (amtliche Vollform: Königreich der Niederlande)**

Hauptstadt: Amsterdam (Regierungssitz: Den Haag); Republik; EU-Mitglied seit 1957; Einwohner: 16,5 Mio.

(EU-Rang 8); BIP/Kopf: 32.600 € (EU-Rang 5); HDI: 0,953 (EU-Rang 3); Haushaltsstatus: Geber; Euroland

Die Niederlande sind ein kleines, erfolgreiches Land mit einer traditionsgemäß liberalen Kultur. In einer seiner deutlichsten Ausprägungen wurde bereits 1976 in einem spektakulären Alleingang die Grundlage für den legalen Verkauf von Haschisch und Marihuana in sogenannten Coffee-Shops gelegt.

Die niederländische Gesetzgebung wird von zwei Kammern durchgeführt; in der einen sind die Provinzen repräsentiert, die andere wird nach Listenwahl gebildet. Insgesamt sind zehn Parteien im Parlament vertreten, neben den drei etablierten großen (Konservative, Rechtsliberale, Sozialdemokraten) gewinnen die Sozialisten zunehmend an Bedeutung. Meist finden sich zwei Parteien zusammen und suchen sich bei Bedarf noch eine dritte von den kleineren, um eine regierungsfähige Mehrheit im Parlament zu bilden.

- **Österreich (amtliche Vollform: Republik Österreich)**

Hauptstadt: Wien; Republik; EU-Mitglied seit 1995; Einwohner: 8,3 Mio. (EU-Rang 15); BIP/Kopf: 24.400 € (EU-Rang 12); HDI: 0,948 (EU-Rang 8); Haushaltsstatus: moderat; Euroland

Österreich verpflichtete sich vor allem gegenüber der Sowjetunion nach dem Ende des Zweiten Weltkriegs zu einer immerwährenden Neutralität. Im Gegensatz zum Nachbarland Schweiz interpretierten die Österreicher die Grenzen dieser Neutralität allerdings etwas flexibler. Und so sahen sie den EU-Beitritt im Jahre 1995 auch als keine wesentliche Beeinträchtigung. Seine militärische Neutralität hält Österreich weiterhin als Nichtmitglied der Nato aufrecht, auch wenn eine enge Kooperation im Rahmen der »Partnerschaft für den Frieden«, einer Übereinkunft der Nato mit mittlerweile 23 europäischen und asiatischen Staaten, stattfindet.

Das politische System ähnelt dem deutschen: Der Bundespräsident übernimmt überwiegend repräsentative Aufgaben, die Legislative findet in zwei Kammern statt, die eine beschließt (der Nationalrat, direkt gewählt), die zweite blockiert gegebenenfalls (der Bundesrat als Ländervertretung). Allerdings ist hier der Bundesrat weniger wichtig und mächtig.

• **Polen (amtliche Vollform: Republik Polen)**
Hauptstadt: Warschau; Republik; EU-Mitglied seit 2004; Einwohner: 38,1 Mio. (EU-Rang 6); BIP/Kopf: 7700 € (EU-Rang 24); HDI: 0,87 (EU-Rang 20); Haushaltsstatus: moderat; Euro-Einführung 2012

Polen ist, zumindest in geschichtlicher Hinsicht, ein stark gebeuteltes Land und musste im Laufe der Jahrhunderte starke Rückschläge hinnehmen. Mehrfach wurde es zwischen den sich immer wieder bekriegenden und wenigstens kurzfristig aussöhnenden militärisch starken Nachbarn aufgeteilt und verschwand im Zuge dieser Teilungen mehrfach vollständig von der europäischen Landkarte. Aber diese Zeiten sind vorbei, und Polen entwickelte sich in den letzten Jahren zu einem wirtschaftlich und außenpolitisch zunehmend erfolgreicheren Land, was sich auch in einem wachsenden Selbstvertrauen zeigt.

Die Gesetzgebung in Polen wird, wie in vielen anderen parlamentarischen Demokratien auch, von zwei Kammern übernommen, wobei das Parlament, der Seijm, Gesetze beschließt und der Senat nur beratende Funktion hat. Insgesamt sind dort sieben Parteien im Parlament vertreten, die sich in den drei klassischen Richtungen links – Mitte – rechts zusammengefunden haben. Aber wie sooft in einer relativ jungen parlamentarischen Demokratie variiert auch hier die klassische Themenbesetzung. Da somit die Aufteilung in die unterschiedlichen Lager noch nicht so eingefahren ist, werden hier auch über ideologische Gemeinsamkeiten hinweg Übereinstimmungen gefunden.

• **Portugal (amtliche Vollform: Portugiesische Republik)**

Hauptstadt: Lissabon; Republik; EU-Mitglied seit 1986; Einwohner: 10,9 Mio. (EU-Rang 10); BIP/Kopf: 16.500 € (EU-Rang 16); HDI: 0,897 (EU-Rang 16); Haushaltsstatus: Nehmer; Euroland

Portugal konnte seine enorme wirtschaftliche Dominanz aus dem späten Mittelalter als Seefahrernation, die den Großteil des Seehandels mit Asien kontrollierte, nicht in die Neuzeit hinüberretten. Auch wenn sich seit dem EU-Beitritt im Jahre 1986 dort vieles zum Besseren gewandelt hat, ist Portugal noch immer das ärmste der Alt-EU-Länder.

Seit der Abschaffung der Diktatur 1974 herrscht dort im Ein-Kammer-Parlament die klassische Verteilung entlang des etablierten politischen Spektrums: Die zwei großen Lager Konservative und Sozialdemokraten stehen sich gegenüber, die restlichen drei Parteien ergänzen das Spektrum an den Rändern.

• **Rumänien (amtliche Vollform: Rumänien)**

Hauptstadt: Bukarest; Republik; EU-Mitglied seit 2007; Einwohner: 21,6 Mio. (EU-Rang 7); BIP/Kopf: 7000 € (EU-Rang 25); HDI: (EU-Rang 27); Haushaltsstatus: Nehmer; Euro-Einführung 2014

Rumänien ist gemeinsam mit Bulgarien eines der beiden Länder, die als bislang letzte der EU beigetreten sind. Die Herausforderungen für die Rumänen auf dem Weg aus der kommunistischen Zeit waren besonders stark, da sie unter dem besonders extremen Terrorregime von Nicolae Ceauşescu leiden mussten. Und so war für sie der Weg in die Demokratie wahrscheinlich der weiteste, und das Image des Landes wird in den Köpfen vieler noch heute von schrecklichen Bildern völlig verwahrloster Kinder in den Heimen der Nach-Ceauşescu-und-Securitate-Zeit bestimmt. Aber all das, auch die Probleme rund um das kurzfristige Wiedererstarken des Kommunismus zu Beginn der 1990-Jahre, sind mittlerweile Geschichte.

Rumänien wird, wenn auch eine parlamentarische Demokratie, politisch von einem relativ starken Präsidenten bestimmt, der den Regierungschef nominiert. Die Legislative erfolgt in zwei gleichberechtigten Kammern, im Parlament herrscht zurzeit noch etwas Unordnung. Sechs Parteien und einige sonstige Mandatsträger suchen nach stabileren Strukturen.

- **Schweden (amtliche Vollform: Königreich Schweden)**

Hauptstadt: Stockholm; Monarchie; EU-Mitglied seit 1995; Einwohner: 9,2 Mio. (EU-Rang 14); BIP/Kopf: 29.900 € (EU-Rang 8); HDI: 0,956 (EU-Rang 2); Haushaltsstatus: Geber; Euro-Verweigerer

Schweden ist ein in geschichtlicher Hinsicht stark sozialdemokratisch strukturiertes Land, und dies hat sich in den vergangenen Jahrzehnten vor allem in einer sehr ausgeprägten Umverteilungspolitik geäußert. Auf der einen Seite wurden sehr hohe Steuern erhoben, auf der anderen Seite aber auch aus diesem Topf sehr viele Sozialleistungen vom Staat übernommen. Einen Wendepunkt dieser Politik stellt unzweifelhaft das Jahr 1976 dar, als die berühmte Schriftstellerin Astrid Lindgren 100,1 % ihres Einkommens an Steuern abführen sollte. Das sorgte natürlich für einen internationalen Aufschrei, der bis heute nachhallt; daraufhin wurden entsprechende Änderungen eingeleitet.

Heute wird die Gesetzgebung des Landes von einem – für eine so großflächige parlamentarische Monarchie unüblichen – Ein-Kammer-Parlament übernommen. Dort sind sieben Parteien vertreten. Die historisch stark sozialdemokratische Prägung fand in 2006 ein vorübergehendes Ende, als die Konservativen übernommen haben. Schweden weist eine Besonderheit in der Verwaltung auf, die auch in anderen skandinavischen Ländern anzutreffen ist: Die Regierung (also die Riege der

Fachminister) darf die ausführenden Ämter nicht direkt steuern oder anweisen, sondern den Einfluss auf die Verwaltungstätigkeit lediglich durch die Vorbereitung und Durchsetzung von Gesetzen ausüben.

• Slowakei (amtliche Vollform: Slowakische Republik)
Hauptstadt: Bratislava; Republik; EU-Mitglied seit 2004; Einwohner: 5,4 Mio. (EU-Rang 18); BIP/Kopf: 9800 € (EU-Rang 22); HDI: 0,863 (EU-Rang 21); Haushaltsstatus: moderat; Euro-Einführung 2009

Die Slowakei hatte wie Tschechien neben der Auflösung des Warschauer Pakts noch eine weitere Veränderung über sich ergehen zu lassen: Mit dem 1.1.1993 teilte sich die damalige Tschechoslowakei friedlich und ohne weitere nennenswerte Probleme in die zwei souveränen Länder Tschechien und Slowakei auf. Dadurch hat sich die ohnehin relativ kurze Phase der demokratischen Identitätsfindung der ehemaligen Ostblockstaaten noch einmal um mehrere Jahre reduziert. Die Slowakei ist zwar offiziell eine parlamentarische Demokratie, hat aber dafür einen vergleichsweise mächtigen Präsidenten. Er verfügt über ein relativ umfassendes Veto-Recht und kann unmittelbaren Einfluss auf Strafverfahren nehmen. Die neben dem Parlament eingerichtete zweite Kammer, der Senat, hat bei den normalen Gesetzgebungsverfahren nur ein aufschiebendes Veto-Recht. Wirklich benötigt wird die Zustimmung nur bei einer Verfassungsänderung und der Änderung der Wahlgesetze. Die Parteienlandschaft ist nicht spektakulär und kennt keine eindeutigen Schwerpunkte; wechselnde Mehrheiten prägen das Bild.

• Slowenien (amtliche Vollform: Republik Slowenien)
Hauptstadt: Ljubljana; Republik; EU-Mitglied seit 2004; Einwohner: 2 Mio. (EU-Rang 23); BIP/Kopf: 16.900 € (EU-Rang 15); HDI: 0,917 (EU-Rang 15); Haushaltsstatus: moderat; Euroland

Slowenien, klein aber fein, ist eindeutig das zielstrebigste unter den neuen EU-Mitgliedern. Es ist das erste Land aus dem ehemaligen Jugoslawien, das der EU beigetreten ist. Und dies ist nicht die einzige Besonderheit, denn Slowenien führte als erstes der im Jahre 2004 beigetretenen Länder bereits erfolgreich den Euro ein. Und daher verwundert es auch nicht, dass Slowenien im Vergleich zu den anderen neuen Mitgliedern wirtschaftlich eindeutig am besten dasteht.

Die slowenischen Gesetze werden von einem Zwei-Kammer-Parlament beschlossen, die wichtigere ist die direkt gewählte Nationalversammlung. Der Nationalrat übernimmt überwiegend die Kontrolle der Nationalversammlung und wird nicht gewählt, sondern in ihn werden – ein interessantes Modell – Mitglieder von gesellschaftlich, wirtschaftlich und regional relevanten Gruppen entsendet.

• **Spanien (amtliche Vollform: Königreich Spanien)**
Hauptstadt: Madrid; Monarchie; EU-Mitglied seit 1986; Einwohner: 46 Mio. (EU-Rang 5); BIP/Kopf: 22.500 € (EU-Rang 13); HDI: 0,949 (EU-Rang 6); Haushaltsstatus: Nehmer; Euroland

Spanien ist ein relativ uneinheitliches Land, in dem eine Vielzahl unterschiedlicher regionaler Besonderheiten Berücksichtigung finden muss. Deutlich wird dies vor allem in der Sprache. Denn dort werden neben Spanisch noch andere Sprachen gesprochen, wie zum Beispiel Katalanisch oder Baskisch. Und so kommt es auch, dass es vor allem in diesen beiden Regionen unterschiedlich starke Autonomiebestrebungen gibt. In Katalanien wird dem Thema relativ moderat begegnet, Teile der Basken hingegen gehen wesentlich radikaler vor: Die Terrororganisation ETA versucht seit Jahrzehnten, durch Attentate eine gewaltsame Abspaltung von Spanien zu erreichen.

Spanien hat einen König, die Legislative ist in zwei gleichberechtigte Kammern aufgeteilt. Das Abgeordnetenhaus »Cortes Generales« wird direkt gewählt, im Senat sind neben den direkt Gewählten auch Repräsentanten der Regionen vertreten. Insgesamt ist die Parteienlandschaft in vier Lager aufgeteilt, die sich in zwei Links-Rechts-Kombinationen abwechseln.

- **Tschechien (amtliche Vollform: Tschechische Republik)**

Hauptstadt: Prag; Republik; EU-Mitglied seit 2004; Einwohner: 10,4 Mio. (EU-Rang 12); BIP/Kopf: 12.000 € (EU-Rang 18); HDI: 0,891 (EU-Rang 17); Haushaltsstatus: moderat; Euro-Einführung 2012

Die andere und wirtschaftlich erfolgreichere Hälfte der ehemaligen Tschecheslowakei. Politisch gesehen geht es hier richtig schön standardmäßig zu: Zwei Kammern im Parlament, der Präsident mit Veto-Recht, zwei große Lager, sozialdemokratisch und konservativ, ein kleineres Zünglein an der Waage in der Mitte und eine relativ starke, aber weitgehend isolierte kommunistische Partei links außen.

- **Ungarn (amtliche Vollform: Republik Ungarn)**

Hauptstadt: Budapest; Republik; EU-Mitglied seit 2004; Einwohner: 10 Mio. (EU-Rang 13); BIP/Kopf: 11.800 € (EU-Rang 19); HDI: 0,874 (EU-Rang 19); Haushaltsstatus: moderat; Euro-Einführung 2012

Ungarn war eines der Länder des Ostblocks, die immer schon etwas liberaler mit dem Kommunismus umgegangen sind und deswegen auch den Ärger des »großen Bruders« im Osten auf sich gezogen haben. Vielleicht war das auch der Grund, warum hier der eigentliche Öffnungsprozess in Europa begonnen hat.

Heute sitzen im Ein-Kammer-Parlament fünf Parteien, die nach der großen ideologischen Farbenlehre sortiert sind. Das Parlament ist vergleichsweise mächtig: Dort werden nicht nur der Präsident und der Ministerpräsident gewählt, sondern obendrein auch die Spitzenjuristen.

• Zypern (amtliche Vollform: Republik Zypern)
Hauptstadt: Nikosia; Republik; EU-Mitglied seit 2004; Einwohner: 0,8 Mio. (EU-Rang 25); HDI: (EU-Rang 17); Haushaltsstatus: Nehmer; Euro-Einführung 2021

Auf der Insel Zypern herrscht seit dem Einmarsch türkischer Truppen 1974 eine Teilung, wie man sie in Europa eigentlich für überwunden halten sollte. Denn im Jahre 1983 rief sich dort die Türkische Republik Nordzypern aus, die bisher allerdings nur von der Türkei anerkannt wurde. Und somit ist streng genommen nur der Südteil, die nicht-türkische Republik, Mitglied in der EU. Das Ziel der EU und der Uno ist es, zu einer friedlichen Wiedervereinigung zu gelangen, und da auch die Türkei in die EU strebt, ist es nicht unwahrscheinlich, dass man eine akzeptable Lösung finden wird.

Beitrittskandidaten

Die EU unterscheidet bei der möglichen Erweiterung zwei Stufen: Es gibt die Beitrittskandidaten und die potenziellen Beitrittskandidaten. Offizielle Beitrittskandidaten sind Länder, denen dieser Status auf Antragstellung von der EU zugewiesen wird, potenzielle Beitrittskandidaten sind die Länder, die irgendwann den Status des offiziellen Beitrittskandidaten erlangen möchten. Mit potenziellen Beitrittskandidaten wird als Vorstufe für ernsthafte Beitrittsverhandlungen ein sogenanntes Stabilisierungs- und Assoziierungsabkommen geschlossen, damit diese Länder sich allmählich auf die erforderlichen Kriterien für einen Beitritt zubewegen.

Aktuell gibt es drei Beitrittskandidaten: Kroatien, das aber wegen seiner unkooperativen Haltung bei der Aufarbeitung von Kriegsverbrechen vor dem Internationalen Gerichtshof in Den Haag ausgebremst wird, Mazedonien ist auch noch in der Schwebe (vor allem, weil Griechenland den Landesnamen Mazedonien für sich einfordert), und der EU-Beitritt der Türkei ist nicht zuletzt auch deswegen umstritten, weil der dortige Status quo bezüglich der drei großen »M«s (Minderheitenschutz, Meinungsfreiheit und Menschenrechte) nicht dem Stand und somit auch nicht den Anforderungen der EU entspricht.

Als potenzielle Beitrittskandidaten zählen die vier Balkan-Länder Albanien, Bosnien und Herzegowina, Montenegro und Serbien sowie die Ukraine; Letztere hat sich diesen Status aber eher selbst verliehen.

Eine große, vielleicht die größte Herausforderung für die EU überhaupt wird es sein, irgendwann in nicht allzu ferner Zukunft das Kapitel Beitritt für unbefristete Zeit zu schließen, denn über kurz oder lang sind auch die noch so großzügig ausgelegten Grenzen von Europa erreicht. Egal, wie die EU-Verantwortlichen ihre offensive Offenheit (wie Optimisten formulieren würden) oder ihren wirtschaftsimperialistischen Expansionsdrang (wie man es kritisch bezeichnen könnte) kontrollieren werden, spätestens in Zentralasien oder Nordafrika werden die Grenzen erreicht sein.

Die Vereinten Nationen

Die Vereinten Nationen (englisch United Nations Organization, kurz Uno) sind ein völkerrechtlich anerkannter Zusammenschluss von mittlerweile 192 Staaten, fast aller also, die es auf der Welt gibt. Ihre wichtigsten Ziele sind die Sicherung des Weltfriedens, der Schutz der Menschenrechte, die Einhaltung des Völkerrechts und die Förderung der internationalen Zusammenarbeit zwischen den Ländern.

Erste Grundzüge entstanden bereits mit dem Völkerbund nach Ende des Ersten Weltkrieges, dieser konnte sich aber nicht wirklich etablieren. Erst als es zum zweiten Mal zu einer verheerenden Katastrophe kam, wurde nach Ende des Zweiten

Das UN-Headquarter in New York

Weltkriegs die Wichtigkeit einer solchen Organisation noch deutlicher als zuvor, und so fanden sich 51 Länder im Jahre 1945 zusammen und gründeten die Uno.

Der Hauptsitz befindet sich im US-amerikanischen New York, daneben existieren drei weitere Niederlassungen in Genf, Nairobi und Wien.

Die damals noch existierenden beiden deutschen Staaten traten im Jahre 1973 bei, Österreich bereits im Jahre 1955 und die Schweiz erst im Jahre 2002.

Die wichtigsten Organe der Uno sind die Generalversammlung, das Sekretariat unter Vorsitz des Uno-Generalsekretärs, der Internationale Gerichtshof in Den Haag, der besonders durch die Kriegsverbrechertribunale im Rampenlicht steht, und schließlich der Sicherheitsrat.

Letzterer ist wichtigstes, aber auch umstrittenstes Organ. Dort sind fünfzehn Mitglieder vertreten, zehn davon wechseln im Zwei-Jahres-Rhythmus, und fünf von ihnen, namentlich China, Frankreich, Großbritannien, die USA und Russland, sind die ständigen Mitglieder. Und diese ständigen Mitglieder verfügen über ein Veto-Recht, was nichts anderes bedeutet, als dass die Beschlüsse dieses Gremiums durch den Einspruch einer dieser fünf Großmächte verhindert werden kann – was vor allem in Zeiten des Kalten Krieges regelmäßig vorkam, als sich hier die eigentlich verfeindeten Großmächte unmittelbar gegenübersaßen. Im Rest der Welt ist mittlerweile nur noch schwer nachvollziehbar, warum die vier offiziellen Siegermächte des Zweiten Weltkriegs plus China diese Sonderrolle in der Welt einnehmen dürfen. Denn die Macht des UN-Sicherheitsrates ist groß: Hier wird über Druckmittel auf andere Staaten entschieden, und dazu zählen nicht nur nichtmilitärische Sanktionen wie zum Beispiel Handelsembargos, sondern auch militärische Schritte, um den Frieden zu sichern oder auch zu erzwingen. Das bedeutet nichts anderes, als dass dieses Gremium so mächtig ist, über Krieg und Frieden auf der Welt zu entscheiden, und das exklusiv und legitim. Denn auch wenn sich einige Länder bereits erfolgreich darüber hinweggesetzt haben: Eine kriegerische Intervention in anderen Ländern bedarf, um völkerrechtlich einwandfrei zu sein, der Zustimmung des Uno-Sicherheitsrats. Liegt diese offizielle Legitimation nicht vor, so gilt eine entsprechende Maßnahme als nicht mit dem Völkerrecht vereinbar. Und völkerrechtswidrige Angriffskriege sind streng genommen vor dem Internationalen Gerichtshof in Den Haag zu verhandeln.

US-Außenminister Powell vor dem UN-Sicherheitsrat: Ein schwarzer Tag für alle Beteiligten.

Die partielle Handlungsunfähigkeit der Uno spiegelt sich in zahllosen Beispielen wider, das aktuellste und populärste ist sicherlich der Krieg der USA gegen den Irak. Mithilfe von – das ist mittlerweile unwiderruflich belegt – fingierten »Beweisen«, die vom damaligen US-Außenminister Colin Powell dem Sicherheitsrat vorgelegt wurden, sollte eine UN-Legitimation für diesen Krieg herbeigeführt werden. Immerhin: Powell entschuldigte sich für seine Lügen und bezeichnete dieses erbärmliche Schauspiel als Schandfleck seiner Karriere.

Wie dem auch sei: Als der Sicherheitsrat eine entsprechende Resolution verweigerte, nahmen die US-Amerikaner das Heft einfach selbst in die Hand und griffen an, flankiert durch ein paar Vasallenstaaten. Da es sich hierbei also offensichtlich um einen völkerrechtswidrigen Krieg handelt, müssten die Verantwortlichen eigentlich in Den Haag angeklagt werden. Allerdings haben die US-Amerikaner eines klargestellt: Sollte so etwas jemals passieren, sollte jemals ein US-Amerikaner gezwungenermaßen vor dieses internationale Tribunal geführt werden, so würden sie nicht zögern, auch mit entsprechenden Gewaltmaßnahmen dagegen vorzugehen. Eine solche Drohung ist weder ein Indiz für die generelle Leistungsfähigkeit dieser Institution noch für die Kooperationsbereitschaft der USA.

Insgesamt verfügt die Uno über mehr als zwanzig sogenannte Nebenorgane, die sich meistens einem be-

Uno-Blauhelme haben schon viel Gutes getan, aber als die Welt sie in Ruanda am dringendsten benötigte, waren ihnen aufgrund von bürokratischen Hürden die Hände gebunden.

sonderen Thema widmen. Die bekanntesten sind wohl das Kinderhilfswerk UNICEF, das Welternährungsprogramm WFP, das Flüchtlingskommissariat UNHCR und das Umweltprogramm UNEP.

Nicht direkt abhängig, aber in enger Kooperation mit der Uno stehen Organisationen wie der Internationale Währungsfonds IWF, die UNESCO, verantwortlich für Erziehung, Wissenschaft und Kultur, die Weltgesundheitsorganisation WHO und andere.

Die Erfolge der UN-Blauhelmsoldaten bei friedenssichernden Einsätzen, wie zum Beispiel in Kambodscha, in Mosambik, in Angola, in Guatemala und Zypern liegen klar auf der Hand. Auch die Beteiligungen der Uno bei der Beilegung zahlreicher internationaler Krisen sind eindeutig als Erfolg zu werten, und in vielen mehr oder weniger entlegenen Winkeln der Welt sind heute UN-Verantwortliche unterwegs, um gegen Krankheiten zu kämpfen, Flüchtlinge zu schützen, Minenfelder zu räumen und um humanitäre Hilfe zu leisten. Aber es gab auch Rückschläge. Als schlimmster gilt der grauenvolle Völkermord in Ruanda im Jahre 1994, bei dem über 800.000 Todesopfer und zahlreiche Verletzte, Vergewaltigte und Verstümmelte zu beklagen waren. Aus heute nur noch schwer nachzuvollziehenden Gründen kam es damals nicht zu einem Einsatz der Uno-Blauhelme, man ließ die entfesselten Mörderbanden schlicht gewähren. Das wurde nicht nur vom ehemaligen UN-Generalsekretär Kofi Annan als das schlimmste Versagen der Uno deklariert.

Die Nato

Die Nato (North Atlantic Treaty Organization) ist ein militärisches Bündnis europäischer und nordamerikanischer Staaten. Gegründet wurde sie im Jahre 1949 und hat ihren Sitz, wie die EU, im belgischen Brüssel.

Zurzeit sind 26 Länder Mitglied, und untereinander hat man sich zugesagt, dass im Falle eines bewaffneten Angriffs auf eines der Mitglieder die anderen Mitgliedsstaaten zur sogenannten kollektiven Selbstverteidigung verpflichtet sind, also dem attackierten Staat beistehen, wenn der das will. Insgesamt ist dieser Fall genau einmal eingetreten, nämlich als die US-Amerikaner nach den Terroranschlägen am 11.9.2001 den Bündnisfall ausriefen. Das Problem hierbei ist allerdings, dass die Nato eigentlich dazu da ist, sich mit kriegerischen Auseinandersetzungen zwischen Staaten oder wenigstens klar definierten Kriegsparteien zu befassen. Der Angriff einer mehr oder weniger diffusen Terrorgruppe stellte und stellt die Verantwortlichen bis heute vor Definitions-Probleme. Denn wenn ein Land in ein anderes einmarschiert, ist klar, gegen wen und auch wie man sich zu verteidigen hat. Im Falle des Angriffs durch islamische Terroristen ist die Sache jedoch nicht so eindeutig und hat daher auch zu erheblichen Diskussionen geführt – die Konsequenz damals: Man begann einen umstrittenen Krieg gegen die Taliban in Afghanistan.

Das Nato-Hauptquartier in Brüssel

Die Nato ist als Militärbündnis ein wenig aus dem Fokus der Öffentlichkeit verschwunden, seit sich ihr kommunistisches Pendant, der Warschauer Pakt, zu

Beginn der 1990er-Jahre allmählich in seine Bestandteile auflöste. Und eben diese Bestandteile sind zu einem großen Teil im Jahre 2004 Mitglieder der Nato geworden, eine Entwicklung, die man noch zu Beginn der 1980er-Jahre niemals zu prophezeien gewagt hätte und der in Russland mit einem gewissen Maß an beunruhigter Ablehnung begegnet wird.

Nachdem also der Klassenfeind nicht mehr vorhanden war, suchte die Nato nach neuen Aufgaben. Auf dem Gipfeltreffen im Jahre 1999 haben die Militärs kurzerhand festgestellt, dass zur Konfliktverhütung und auch -bewältigung militärische Operationen auch außerhalb des Nato-Gebietes zur »vorausschauenden Gefahrenabwehr« möglich sein sollen. Diesem Vorhaben gab man den klangvollen Namen »Out-of-area-Einsätze«, und man beschloss, berechtigt zu sein, auch ohne Mandat der Vereinten Nationen in Krisengebieten militärisch intervenieren zu dürfen. Und um ein tatsächliches Eingreifen noch möglicher zu machen, wurde gleich mitbeschlossen, dass entsprechende Eingriffe in internationale Konflikte auch dann möglich sind, wenn kein Mitgliedsstaat unmittelbar als Konfliktpartei beteiligt oder bedroht ist.

Ein verletzter Junge nach einem Nato-Bombenangriff im Kosovo-Krieg. Auch wenn Kriege am grünen Tisch für sinnvoll erklärt werden: Solche Bilder dürfen wir nicht verdrängen.

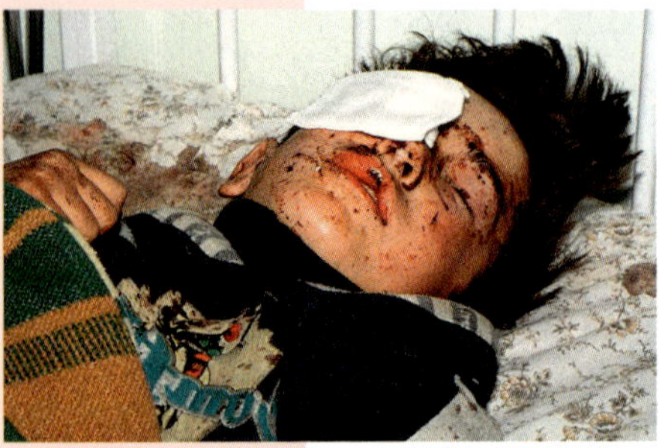

Und im Jahre 1999 war es dann endlich soweit: Der Kosovo-Krieg gegen Rest-Jugoslawien wurde ausgerufen, auch Deutschland beteiligte sich dort mit Luftangriffen.

Ein weiterer wichtiger Auslandseinsatz der Nato ist die internationale Sicherungsunterstützungstruppe, kurz ISAF, die mit Uno-Mandat in Afghanistan im Einsatz ist. Hier handelt es sich nicht um eine friedenssichernde Maßnahme der Blauhelme, sondern um eine sogenannte friedenserzwingende Mission, also genau genommen um einen Krieg, auch wenn dieser Begriff

Trautes Stelldichein der Mächtigen in der Welt berühmtestem Strandkorb beim G8-Gipfel in Heiligendamm - und draußen vor dem großen Zaun wird demonstriert und randaliert.

in der internationalen Tarnsprache der Diplomaten gern vermieden wird. Auch dort sind deutsche Soldaten bekanntlich beteiligt.

Weitere internationale Vereinigungen

• Die Gruppe der Acht (G8)

Die G8 ist ein illustrer Kreis der potentesten Volkswirtschaften der Welt. Mitglieder sind neben Deutschland die Vereinigten Staaten von Amerika, Kanada, Großbritannien, Frankreich, Italien, Japan, und nachdem die Russen jahrelang angeklopft und auf einer Mitgliedschaft bestanden haben, sind auch sie nun dabei. Gegründet wurde dieser elitäre Club im Jahre 1975, damals noch ohne Kanada und eben Russland. Man beschloss, sich überwiegend mit wirtschaftlichen Themen auseinanderzusetzen und Finanz- und Währungsfragen gemeinsam zu diskutieren. Allmählich hat sich der Themenbereich allerdings ausgeweitet, und mittlerweile fühlen sich diese acht Länder berufen, nahezu sämtliche Politikfelder der Welt in ihren Treffen zu beraten. Besondere Bedeutung bekommen die regelmäßigen Zusammenkünfte durch Protestaktionen und die Bilder, die dabei um die Welt kreisen und manchmal an einen mittelschweren Bürgerkrieg denken lassen – auch aufgrund der dagegen ergriffenen Schutzmaßnahmen. Spannend wird die Frage sein, um welches Land sich die G8-Staaten zukünftig erweitern.

• OSZE

Die Organisation für Sicherheit und Zusammenarbeit in Europa, eine Fortführung der K(onferenz)SZE, ist ein Zusammenschluss von mittlerweile 56 Staaten, an dem alle Länder Europas, die Nachfolgestaaten der Sowjetunion sowie die USA und Kanada teilnehmen. Ihre Aufgaben lassen sich bildhaft als Uno-Gremium mit geografischem Schwerpunkt auf Europa beschreiben oder auch als ausgedehntere und weniger weisungsbefugte EU. Im Vordergrund steht eine politisch-militärische Aufgabe, um die Sicherheit in Europa zu gewährleisten, aber auch andere Politikfelder wie die Wirtschaftspolitik, der Umweltschutz oder humanitäre Fragen sowie die Wahrung der Menschenrechte stehen hier im Fokus.

Eine Meisterleistung der OSZE: Seit der Veröffentlichung der gleichnamigen Studie steht das Schlagwort PISA für die Verdummung einer ganzen Generation.

• Kyoto-Protokoll

Das Kyoto-Protokoll ist ein im Jahre 1997 beschlossenes und 2005 in Kraft getretenes Zusatzprotokoll zur detaillierten Erweiterung der Uno-Klimarahmenkonvention.

In ihm wurden zum ersten Mal völkerrechtlich verbindliche Ziele für den maximalen Ausstoß von Treibhausgasen festgelegt, um so der globalen Erwärmung, dem so gern zitierten Klimawandel, entgegenzutreten.

Übergeordnetes Ziel ist es, die Treibhausgas-Emissionen der Industrieländer in der Zeit zwischen 2008 und 2012 um durchschnittlich ca. 5 % gegenüber dem Ausstoß von 1990 zu reduzieren. Und wie sooft, wenn die ganze Welt versucht, ein Problem zu lösen, mussten unglaublich viele Sonderregelungen gefunden und Ausnahmen definiert werden.

Der wichtigste Unterschied, der gemacht wurde, war der: Die voll entwickelten Industrieländer werden stärker in die Pflicht genommen, während die Entwicklungs- beziehungsweise Schwellenländer liberaler eingebunden werden.

Ein wichtiges, aber auch umstrittenes Instrument ist der sogenannte Emissionsrechtehandel. Er ermöglicht Ländern Rechte zur Umweltverschmutzung zu erwerben, aber auch zu veräußern. Nach einem komplizierten Verfahren wurde zu einem gewissen Stichtag festgelegt, wer wovon wie viel in die Atmosphäre blasen darf. Wem es gelingt, diese so bestimmte Menge zu unterschreiten oder zu reduzieren, ist in der Lage, diese Rechte an andere, die nicht umweltschonend agieren, weiterzuveräußern. Das klingt nicht ganz logisch, scheint aber trotzdem eine Möglichkeit zu sein, die gesamten Emissionen von Treibhausgasen wenigstens in den voll entwickelten und demokratisch geführten Industrieländern zu kontrollieren. Eine Besonderheit bei der Ratifizierung waren vor allem die Hauptverschmutzer China und USA, die sich weigerten, dieses Abkommen zu ratifizieren, da sie daraus eine zu große Einschränkung der eigenen Wirtschaft befürchteten.

Der Ablasshandel der Neuzeit – seit Kyoto 1997 steht es fest: Wir haben nicht nur ein Recht zur Verschmutzung der Atmosphäre, wir können es sogar verkaufen!

Viele Staaten haben sich heute zu Bündnissen zusammengeschlossen, um ihre Gesellschaft, bestehend aus politischen, kulturellen, ökonomischen und religiös-ethischen Systemen, so zu erhalten und gegebenenfalls zu verteidigen, wie sie sind. Die westlichen Industrienationen werden sich zunehmend an den Gedanken gewöhnen müssen, dass ihre Werte, Ziele und auch politischen Systeme nicht zwingend ein Muster mit Wert für die ganze Welt sind. Wenn sich z. B. das bevölkerungsreiche und ökonomisch enorm erfolgreiche China derzeit dem Westen annähert, so lässt sich nicht absehen, ob dies nur geschieht, um wirtschaftlichen und technologischen Erfolg zu realisieren oder ob die Annäherung auch darauf abzielt, sich den sozialen, politischen und gesellschaftlichen Errungenschaften des Westens anzugleichen. Dieser Anspruch, den viele westliche Demokraten wie selbstverständlich kommunizieren, mutet kritischen Geistern zudem arrogant und anmaßend an: Warum sollte ein gigantisches Land wie China mit einer mehrtausendjährigen Geschichte und Kultur sich ausgerechnet an westlichen Demokratien orientieren?

Ohnehin ist davon auszugehen, dass die Zukunft wohl nicht darin münden wird, dass alle Länder dieser Welt dem EU- oder US-Standard entsprechen werden. Vielmehr muss man annehmen, dass sich irgendwo auf der Erde ökonomisch-politische Systeme erfolgreich etablieren werden, wie man sie heute noch gar nicht ahnen kann, vielleicht sogar so erfolgreich, dass sich der Rest der Welt eben diese zum Vorbild nehmen wird.

Beispiele für Regionen, die zukünftig wohl eine wichtigere Rolle spielen werden, sind die Länder der ehemaligen Sowjetunion, allen voran Russland, die möglicherweise ganz andere Interessen verfolgen als der Westen und die diese nicht zuletzt aufgrund des Reichtums, den sie durch ihre gigantischen Bodenschätze erwirtschaften, durchsetzen werden. Auch Indien, neben China bevölkerungsmäßig auf Rang zwei in der Welt, steht in den Startlöchern, um seinen Platz auf den oberen Rängen der Weltökonomie erst noch zu finden. Und eine nicht zu vernachlässigende Frage: Wie werden sich die islamischen Länder langfristig verhalten?

Es gibt keine objektiven Kriterien, mit denen sich politische Systeme bewerten lassen. Westliche Menschen urteilen gern vor dem Hintergrund religiös-ethischer Traditionen, aufgrund der Tatsache, dass sie in einem vermeintlich dem Rest der Welt überlegenen Gesellschaftssystem sozialisiert wurden und nicht zuletzt auch noch unter dem mehr oder weniger rudimentären Einfluss einer Hybris, die noch in den Denkmustern der ehemaligen Kolonialherren verortet zu sein scheint. Die Sichtweisen und die Ziele der westlichen Länder stimmen daher nicht zwangsläufig mit denen anderer Nationen überein, und vielleicht ist gerade dieser Konflikt ja der entscheidende Impuls, der die Welt zukünftig verändern wird. Denn eines hat die Geschichte bewiesen: Nichts ist für die Ewigkeit, sozio-ökonomische und politische Gegebenheiten können sich schnell ändern, und es werden nur diejenigen aus diesen Umstrukturierungen als Gewinner hervorgehen, die flexibel und handlungsbereit genug sind, um sich darauf einzustellen. Und auch die Natur hält zweifellos noch Unabwägbarkeiten bereit – eine einzige große Katastrophe, das haben die Pest vor siebenhundert Jahren oder auch der gigantische Tsunami 2004 bewiesen, und nichts ist mehr wie zuvor.

Damit die Menschen in Westeuropa in ihrer überwiegend heilen Welt der parlamentarischen Demokratie und der sozialen Marktwirtschaft entspannt und optimistisch nach vorn blicken können, gilt es, für die Zukunft gewappnet zu sein. Eines der wichtigsten Ziele wird es sein, die Internationalität von Politik und die funktionsfähigen Vernetzungen, aber auch die – gewollten – Abhängigkeiten der Staaten untereinander weiter zu etablieren, um in dieser Weltgemeinschaft die großen Probleme der Gegenwart, den Klimawandel, die Verknappung der Rohstoffe, den internationalen Terrorismus und die Schattenseiten der Globalisierung zu bekämpfen.

Weiterhin gilt es, tatsächliche Bedrohungen richtig einzuschätzen und sich nicht von Politikern und Medien fortgesetzt ins Bockshorn jagen zu lassen. Ob TV, Print oder Internet: Inhalte wollen konsumiert werden, um den Betreibern mit Werbeeinnahmen zu mehr Geld zu verhelfen. Und Aufmerksamkeit erlangt man am besten, wenn man verunsichert, Angst macht, Panik schürt, und spätestens wenn die Politik auf diesen Zug aufspringt, kann dies zu einer kollektiven Hysterie führen, die nur zu oft jeglicher rationalen Grundlage entbehrt. Das Volk, der Wähler, der Bürger ist daher gefordert, Interesse an politischen Themen zu entwickeln oder zu erhalten, sich eine eigene Meinung zu bilden, indem Nachrichten verfolgt und interpretiert werden und man sich gegebenenfalls seiner demokratischen Grundrechte bedient und sich zu Wort meldet, denn Demokratie lebt von der Teilnahme und vom Interesse aller. Zwar lassen sich in Westeuropa keinerlei Anzeichen dafür ausmachen, dass die demokratischen Systeme gefährdet sind, absolute Sicherheit gibt es dafür aber nicht, das hat die Geschichte von der Antike bis in die Gegenwart bereits für zahlreiche andere Systeme gezeigt.

Den Politikern kommt hier ebenfalls eine große Verantwortung zu. Der durchschnittliche Berufspolitiker von heute fühlt sich drei Instanzen gegenüber verantwortlich: seinen Wählern, seiner Partei und der eigenen Zukunft. Dabei wäre eine Regierung wünschenswert, die nicht jeden Satz und jede Entscheidung zu allererst daran misst, welchen Einfluss sie auf die mögliche Wiederwahl am Ende der Legislaturperiode hat – das scheint die Schattenseite der parlamentarischen Demokratie zu sein, die man akzeptieren muss.

Man kann mit einiger Sicherheit davon ausgehen, dass das gesellschaftspolitische System, das sich im Nachkriegseuropa herausgebildet und bewährt hat, auch noch in den kommenden Jahrzehnten Bestand haben wird. Die Zukunft wird zeigen, ob das Klagen über die Globalisierung, über Klimawandel und Rohstoff-Verknappung beibehalten wird oder ob es den Europäern und/oder anderen Ländern bzw. Regionen der Erde – gemeinsam oder im Wettstreit – gelingen wird, sich die Dynamik, die die Welt in unbeschränkt vielen Facetten zu bieten hat, nutzbar zu machen, um so gestärkt aus dem ständigen Veränderungsprozess hervorzugehen.

akg-images: 22
cartomedia, Karlsruhe: 27, 28, 37 o., 65 l. u. r., 96, 118, 146,
Peter Kruck: 66
picture-alliance/akg-images/Erich Lessing: 51, 53, 72
picture-alliance/akg-images/Pirozzi: 58
picture-alliance/akg-images/RIA Nowosti: 107
picture-alliance/akg-images: 21, 23, 25, 55, 61, 69, 76, 144,
picture-alliance/allOver: 180
picture-alliance/Berliner_Zeitung: 35 M.
picture-alliance/Bildagentur Huber: 54
picture-alliance/dpa/dpaweb: 29 o., 30, 113, 133
picture-alliance/dpa/Themendienst: 29 u.
picture-alliance/dpa: 8, 11, 12, 14, 16, 18 o. M., 18 o. r., 26, 35 o., 37 u., 42, 46, 74 o., 90, 100, 103, 108, 109, 112, 116, 122, 125, 127, 132, 137, 145, 173, 175, 176, 178, 179, 181
picture-alliance/GODONG: 110
picture-alliance/IMAGNO/Austrian Archives: 79
picture-alliance/kpa: 13, 15
picture-alliance/OKAPIA KG, Germany: 149
picture-alliance/Sven Simon: 18 o. l., 18 u. l., 35 u.
picture-alliance/ZB: 129, 153

Nicht aufgeführte Abbildungen entstammen dem Archiv des DuMont Buchverlags oder die Rechteinhaber konnten nicht ausfindig gemacht werden. Berechtigte Ansprüche werden selbstverständlich im Rahmen der üblichen Vereinbarungen abgegolten.